콩나물쌤의 문해력 꽉 잡는

한자어수업

7

사물

그린애플

콩나물쌤의 문해력 꽉 잡는
한자어 수업 7(사물)

초판 1쇄 인쇄 2025년 2월 10일
초판 1쇄 발행 2025년 2월 20일

지은이 전병규
감수 김아미
펴낸이 이범상
펴낸곳 (주)비전비엔피 · 그린애플

책임편집 김혜경
기획편집 차재호 김승희 한윤지 박성아 신은정
디자인 김혜림 이민선
마케팅 이성호 이병준 문세희 이유빈
전자책 김희정 안상희 김낙기
관리 이다정
인쇄 새한문화사

주소 우) 04034 서울특별시 마포구 잔다리로7길 12 (서교동)
전화 02) 338-2411 | **팩스** 02) 338-2413
홈페이지 www.visionbp.co.kr
인스타그램 https://www.instagram.com/greenapple_vision
이메일 gapple@visionbp.co.kr

등록번호 제2021-000029호

ISBN 979-11-92527-80-2 64700
    979-11-92527-12-3 (세트)

추천사

우리말에는 한자어가 많고, 교과서 속 어려운 개념어도 대부분 한자어입니다. 그렇기 때문에 문해력을 높이기 위해서는 한자를 아는 것이 매우 중요합니다. 한자 지식이 있으면 낱말의 뜻을 정확히 이해할 수 있고 학업에도 큰 도움이 됩니다. 그런데 한자 공부는 아이들에게 어렵고 외워야 하는 게 많아 부담스럽습니다. 이 책은 암기의 부담 없이 한자어를 익히면서 추론력, 어휘력, 탐구력까지 덤으로 키우는 구체적인 방법을 담고 있습니다. 문장 표현을 통해 자연스럽게 한자의 뜻을 짐작하고, 실제로 사용하면서 쉽고 재미있게 한자를 익히도록 구성되어 있습니다. 이 책을 통해 꾸준히 한자어를 익히면 모르는 단어를 만나더라도 그 의미를 유추하는 힘을 키울 수 있을 거예요. 한자 교육의 필요성을 알지만 어떻게 이끌어 줘야 할지 막막한 부모라면 아이에게 이 책을 주세요. 문해력 전문가 전병규 선생님이 알려 주는 노하우를 따라가다 보면 확실히 문해력을 키울 수 있을 겁니다.

오뚝이쌤 윤지영(초등학교 교사,《엄마의 말 연습》저자)

저는 어린 시절 다져 놓은 어휘력의 덕을 많이 본 학생이었습니다. 어릴 때 아버지께서 신문 읽기와 한자 공부를 강조하셨던 덕분인데요. 한자를 모두 외워 쓰지는 못했지만, 단어를 보고 이게 어떤 한자어로 조합된 단어인지, 단어의 정확한 의미가 무엇인지 쉽게 파악하고 추론할 수 있었습니다. 이는 국어, 사회 등을 비롯해 모든 과목의 학습에 커다란 무기가 되었습니다. 아직도 한자 공부는 한자 자체를 외워 쓰는 것이라 생각하는 사람이 많은데 이제는 인터넷과 사전이 발달되어 있기에 굳이 아이들이 한자를 모두 외워서 쓸 필요가 없습니다. 그보다는 한자어를 보고 그 의미를 파악하는 역량이 중요합니다. 그 역량은 아이들이 책을 읽을 때도, 학습할 때도 아주 큰 힘이 되어 줄 것입니다. 그런 점에서 이 책은 아이들이 한자어 학습을 쉽게, 동시에 '본질적인' 목적에 맞게 해나갈 수 있도록 도와주고 있습니다. 더불어 그 누구보다 아이들의 문해력과 어휘력 향상에 진심인 콩나물쌤과 함께 우리 학생들이 학습의 본질에 한 걸음 더 다가설 수 있길 바랍니다.

조승우(스몰빅클래스 대표)

영어를 가르치는 사람이지만 대학 때 국어교육도 같이 전공했습니다. 당시 한국 사람이기 때문에 국어가 더 쉬울 거라는 생각이 있었는데, 그것이 얼마나 편협한 생각인지 깨닫는 데는 한 달도 걸리지 않았습니다. 우리말 속의 한자어를 잘 몰랐기에, 열심히 글을 읽고도 내용이 이해되지 않아 많은 시간을 고생했기 때문입니다. 만약 내가 초등학교, 중학교 때 한자어로 된 어휘를 틈틈이 익혀 왔다면 그 힘든 시간을 좀 더 효율적으로 보내지 않았을까 하고 생각한 적도 있었습니다. 한국에서 살아가는 우리에게 한자어는 비단 공부와 관련된 것만은 아닙니다. 생활 속 어휘의 60% 이상은 한자어로 이루어져 있기에 결국 한자 문해력을 키우는 것은 생활의 질을 향상시키는 것이 됩니다. 똑같은 1시간을 공부하고 일해도 남들보다 3~4배 효율을 얻을 수 있다면 어떨까요? 이 책을 통해 매일매일 한자어의 의미를 추론해 보고, 글을 쓰거나 말할 때 한자어를 활용해 보면서, 자신의 삶을 더욱 풍성하게 만들어 보길 바랍니다.

혼공쌤 허준석(유튜브 혼공TV 운영자)

문해력을 키우는 힘

현대는 정보화 사회입니다. 세상에 존재하는 모든 것이 정보가 되며 세상 모든 곳에 정보가 있지요. 우리는 아침에 눈을 뜨는 순간부터 밤에 잠이 들 때까지 숱한 정보를 접하게 됩니다. 활용할 수 있는 정보가 이토록 넘치지만 모두가 정보를 잘 활용하는 것은 아닙니다. 정보를 읽고 이해해 나에게 필요하고 유용한가를 가려내려면 문해력이 있어야 합니다. 문해력이 부족하면 정보화 사회에 살면서도 정보를 제대로 사용할 수 없습니다. 결국 현대 사회에서 성공적으로 살아가기 힘들지요. 문해력은 21세기를 살아가는 우리 아이들이 반드시 갖추어야 할 능력입니다.

문해력은 성인이 되었을 때나 필요한 능력이 아닙니다. 문해력은 글을 읽고 이해하는 능력인 만큼 학생들에게 중요하고, 문해력에 따라 성적도 달라질 수 있습니다. 문해력은 이해력입니다. 문해력이 높은 아이들은 무엇이든지 잘 배우는 반면 낮은 아이들은 새로운 것을 잘 배우지 못합니다. 똑같은 내용을 똑같은 시간에 똑같은 선생님에게 똑같은 방법으로 배워도 아이마다 배움의 차이가 나는 이유이지요. 문해력은 공부의 도구 같은 겁니다. 날이 무뎌진 도끼로 나무를 벨 수 없듯 무딘 문해력으로는 공부를 잘 해낼 수 없습니다. 그러니 아이의 공부가 신경 쓰인다면 문해력부터 높여야 합니다.

문해력에 가장 큰 영향을 미치는 것은 어휘력입니다. 글은 어휘와 어휘가 연결되어 이루어지기 때문이에요. 모르는 어휘의 개수가 늘어나면 늘어날수록 글을 이해하기가 어렵습니다. 반대로 어휘를 많이 안다면 매우 유리하지요. 다행히 어휘의 중요성은 알지만 안타깝게도

올바른 어휘 학습법은 잘 모르는 경우가 많습니다. 대부분의 어른들이 잘못된 어휘 학습법을 아이에게 가르치고 있어요. 심지어 교육 전문가라고 이름난 분들 중에서도 잘못된 어휘 학습법을 소개하는 경우가 있어요. 그만큼 어휘를 학습하는 올바른 방법에 대한 이해가 부족한 것이 현실입니다.

흔히 쓰는 잘못된 어휘 학습법은 바로 어휘를 사전에 나온 정의대로 외우는 겁니다. 예를 들어 '협약'이라는 단어를 '협상에 의하여 조약을 맺음'이라고 사전에 나온 정의 그대로 외우는 식입니다. 이처럼 정의를 암기하면 어휘에 대한 이해가 전혀 생기지 않습니다. 어휘를 암기해서는 문해력이 늘지 않는 거예요. 어휘의 의미를 제대로 이해한 후 사용해야 진짜 어휘력과 문해력이 늘어납니다. 어휘의 의미를 제대로 이해하려면 먼저 한자를 알아야 해요. 우리말 어휘 중 무려 60%가 한자어이기 때문입니다. 이는 한자를 알면 전체 단어의 3분의 2가량을 쉽게 이해할 수 있다는 뜻입니다. 문해력에서 중요한 어휘의 3분의 2를 한자를 통해 학습할 수 있으니 한자어 학습은 문해력을 높이는 핵심이라고 해도 과언이 아니에요.

이 책은 문해력 전문가인 제가 저희 집 아이들을 가르치기 위해 정리한 내용으로 만들었습니다. 기존의 한자어 교재를 사용하려니 아쉬운 점이 있었기 때문입니다. 시중에 나와 있는 한자 교재는 크게 두 유형으로 나뉩니다. 한자에 초점이 맞춰진 경우와 어휘에 초점이 맞춰진 경우예요. 첫 번째 유형의 경우, 한자 자격증 취득에는 도움이 되겠지만 문해력 발달을 기대하기에는 무리가 있었습니다. 두 번째 유형의 경우, 어휘 학습에 초점을 맞추고는 있지만 어휘의 실제적 학습과 사용을 위해 꼭 필요한 요소들이 빠져 있었습니다. 어휘력 발달에 나름 효과가 있겠지만 최고의 효과를 내기에는 아쉬워 보였어요.

그래서 이 책을 쓰게 되었습니다. 이 책은 기존 한자어 교재의 두 가지 문제점을 보완했습니다. 우선 한자 자체보다 어휘력에 초점을 맞추었습니다. 한자를 익히는 것이 아닌 문해력을 키우는 것이 목적이니까요. 또 어휘를 깊고 제대로 이해할 수 있도록 최신 어휘 교육 이론을 따랐습니다. 여기에 초등학교에서 20년간 아이들을 가르치며 이론을 실제로 적용해 본 경험을 고스란히 녹였습니다. 이 책이 어떤 점에서 특별한지, 실제로 어떻게 사용해야 하는지는 바로 다음 내용에 자세히 담았습니다. 교육적 효과를 극대화하기 위해서는 어휘 학습의 원리와 이 책의 활용법을 이해하는 것이 정말 중요합니다. 그러니 다음 내용도 꼭 정독해 주세요.

이 책의 시리즈를 꾸준히 학습하면 다음과 같은 효과를 볼 수 있어요.

✔ 다양한 어휘를 알게 됩니다.
✔ 단어의 뜻을 깊이 이해하게 됩니다.
✔ 모르는 단어의 뜻을 스스로 유추하게 됩니다.
✔ 실제 문장에서 단어를 사용할 수 있게 됩니다.

이 책의 시리즈를 공부하고 나면 어휘를 학습하는 힘이 길러집니다. 이는 단순히 어휘를 몇 개 배우는 것보다 훨씬 중요한 일입니다. 앞으로 수업, 책, TV, 유튜브에서 새로운 단어를 만날 때마다 쉽게 익힐 수 있게 되니까요. 어휘를 습득할 수 있는 힘을 갖추고 나면 수업도 독서도 훨씬 쉬워지고 재미있어질 겁니다. 들으면 이해가 되니까 성적도 자연스럽게 오를 거고요. 《콩나물쌤의 문해력 꽉 잡는 한자어 수업》 시리즈를 통해 여러분 자녀의 문해력을 쑥쑥 키워 주시기 바랍니다.

★〈콩나물쌤의 문해력 꽉 잡는 한자어 수업〉은 책마다 주제가 달라요.
7권의 주제는 '사물'입니다. 7권에서는 사물과 관련된 한자가 나옵니다. 선, 차, 의, 복, 구, 약, 유, 철 등이 있지요. 그리고 이 한자에서 파생되어 나온 한자어를 배우게 됩니다. 7권을 공부하고 나면 사물과 관련된 많은 한자와 한자어를 익힐 수 있을 겁니다.

어휘력을 키우는
어휘 학습 원리와 이 책의 활용법

콩나물쌤의 강의를 먼저 듣고 공부를 시작하면 이해가 쏙쏙!

QR 코드를 스캔하면 강의 영상을 볼 수 있어요.

어휘력을 높이기 위해서는 먼저 어떻게 어휘를 학습하느냐가 중요합니다. 잘못된 방법으로 학습하면 힘만 들 뿐 실력은 크게 늘지 않습니다. 지금부터 효과를 극대화할 수 있는 올바른 한자어 학습 방법을 알려 드릴게요. 그리고 이것이 이 책의 구성과 어떻게 연결되어 있는지도 소개하겠습니다. 이 부분을 잘 읽고 학습할 때 적용해 보세요.

 어휘 학습 원리 1단계: 어휘를 짐작해 보세요!

새로운 어휘를 처음 만나면 우선 그 뜻을 짐작해 보는 것이 중요해요. 성인은 평균 약 2~3만 개의 어휘를 아는데 이 중 학습을 통해서 알게 되는 어휘는 20% 내외라고 합니다. 대부분의 어휘는 생활 속에서 우연히 알게 돼요. 대화를 하다가 방송을 보다가 책을 읽다가 알게 되지요. 그런데 이럴 때마다 사전을 찾을 수는 없겠지요. 귀찮기도 하고 대화의 흐름이 끊기기 때문이에요. 그래서 모르는 단어를 만나면 먼저 추측을 해야 해요. 무슨 뜻인지 짐작해 보는 겁니다. 그렇게 해야 흐름을 깨지 않고 계속해서 새로운 단어를 배울 수 있습니다. 이 원리에 따라서 다음처럼 첫 번째 페이지를 학습하세요.

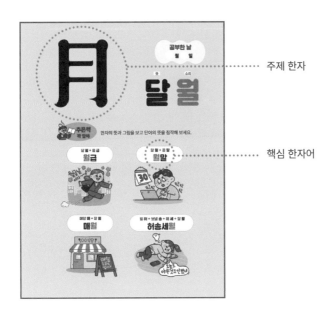

주제 한자

핵심 한자어

첫 페이지에는 우선 주제 한자가 제시됩니다. 오늘은 '달 월(月)'을 배울 차례군요. '달 월'을 세 번 정도 소리 내어 읽어 보세요. 한자는 써 보아도 좋지만 쓰지 않아도 무방합니다. 한자를 배우려는 게 아니니까요. 그 아래 '달 월'을 사용한 한자어 4개가 나옵니다. 이곳을 학습할 때가 정말 중요합니다. 많은 아이들이 대충 읽고 빨리 넘어가려 할 텐데 그래서는 곤란합니다. 여기서는 한자어를 이루는 한자의 뜻에 주목해야 합니다. '월말'을 볼까요? 월말은 '달 월 + 끝 말'로 이루어져 있어요. 이것을 보고 '월말'이 무슨 뜻일지 짐작해 봅니다. '한 달의 끝' 정도로 짐작할 수 있겠지요.

짐작이 맞고 틀리는 건 크게 중요하지 않아요. 짐작하면서 뜻을 생각해 보는 경험이 중요해요. 이 책 한 권에는 30개의 주제 한자와 120개의 핵심 한자어가 나와요. 이 120개의 핵심 한자어의 뜻을 짐작하다 보면 아이는 많은 것을 얻게 됩니다. 우선 한자어를 더 잘 이해하게 되지요. '월말'의 정의를 그냥 읽었을 때보다 뜻을 짐작해 본 후 읽으면 더 깊게 이해하게 됩니다. 뜻을 짐작하다 보면 '달 월'뿐 아니라 '끝 말'도 익히게 되지요. 마지막으로 단어의 뜻을 유추하는 힘이 커져요. 사실 이것이 가장 중요합니다. 이 책에서 120개, 이 책의 시리즈를 통해 수백 개의 한자어 뜻을 꾸준히 짐작해 보세요. 한자어가 구성되는 원리와 뜻을 짐작하는 방법을 익히게 됩니다. 그러면 앞으로 만나게 될 수천, 수만 개의 새로운 어휘를 학습하는 데 큰 힘이 될 거예요.

어휘 학습 원리 2단계: 예문을 통해 어휘를 이해해 보세요!

어휘에는 숨겨진 면이 많아서 정의만 봐서는 제대로 이해할 수 없습니다. 홀로 있는 단어의 정의만 따로 외워서는 배워도 배운 게 아닙니다. 문장과 떨어져 혼자 있는 단어는 생명력이 없어요. 단어는 반드시 문장 속에서 익혀야 해요. 다시 말해 어휘가 사용된 표현을 자세히 살펴봐야 한다는 뜻입니다. 문장 속에 자연스럽게 녹아든 어휘를 보면서 실제로 어떤 뜻으로 쓰였는지 생각해 보세요.

두 번째 페이지에서는 앞에서 짐작해 본 4개의 단어에 대해 조금 더 자세히 살펴봅니다. 우선 뜻이 나와 있습니다. 스스로 짐작한 뜻과 책에서 제시한 뜻을 비교해 보세요. '달 월', '끝 말'이라는 두 한자가 만나 '월말'이라는 한자어가 되었을 때 어떤 뜻이 되는지 생각해 봅니다. 단지 뜻을 확인하는 게 중요한 것이 아니라 어떻게 이런 뜻이 되는지 이해하려고 생각해 보는 게 중요합니다. 바로 아래에는 단어가 사용된 표현이 2개씩 나옵니다. 이 예문을 소리 내어 읽어 보세요. 단어가 실제로 어떻게 사용되는지 느껴 봅니다.

 **어휘 학습 원리 3단계: 어휘를 사용해 보세요!**

어휘를 짐작하고 문장 속에서 이해했다면 다음으로 직접 사용해 보아야 합니다. 단어가 사용된 문장을 보는 것을 넘어 내가 직접 말하거나 쓰면서 사용하는 겁니다. 직접 단어를 사용해 보면 단어가 더 잘 기억납니다. 똑같은 말이라도 다른 사람이 한 말보다 내가 한 말을 더 잘 기억하기 때문입니다. 또 단어 사용이 좀 더 정확해집니다. 외국인이나 아이들은 단어를 좀 이상하게 사용하는 경우가 많아요. 단어는 알지만 실제로 어떻게 사용해야 하는지 잘 모르기 때문입니다. 이런 문제를 개선하려면 단어를 많이 사용하면서 틀리고 수정하는 과정을 거쳐야 합니다. 일단 사용하고 틀린 후 고쳐 나가야 하니 틀리는 것에 연연하면 안 됩니다.

세 번째 페이지에서는 글쓰기를 합니다. 앞에서 배운 4개의 단어를 이용해 나만의 글쓰기를 해 보세요. 아이들의 수준을 고려해 문장의 일부를 제시하고 이어 쓰도록 하였습니다. 우선은 빈칸을 채워 봅니다. 혹시 가능하다면 완전히 새로운 문장을 써 보세요. 제시된 글쓰기 아래에 한 줄 정도 공간이 있으니 여기에 써 보면 됩니다. 다시 강조하지만 틀리는 건 좋은 일입니다. 실수하고 틀리면서 배우니까요. 아이가 틀렸을 때 틀렸다고 혼내지 말고 '잘못된 방식을 하나 발견했구나' 하고 생각하세요. 부드러운 분위기에서 웃으면서 올바른 방식을 알려주세요.

 어휘 학습 원리 4단계: 어휘에 관심을 가져 보세요!

어휘력이 풍부한 사람은 예외 없이 단어에 관심이 많아요. 생소한 단어를 만나면 찾아보고 그 활용에 대해 생각해 보지요. 풍부한 어휘력을 갖추려면 평소 어휘에 관심을 갖는 것이 중요합니다. 말놀이처럼 재미있는 방식으로 아이가 어휘에 관심을 가지도록 해 보세요. 또 유사한 어휘를 구분해 보는 것도 좋아요.

네 번째 페이지의 시작은 '창의력 꽉 잡아'입니다. 여기서는 핵심 한자어를 2개 이상 사용하여 한 문장으로 글을 씁니다. '달 월'에서 배운 주제 단어는 월급, 월말, 매월, 허송세월입니다. 이 중 2개를 한 문장 안에서 사용하는 거예요. '창의력 꽉 잡아'는 말놀이와 글쓰기를 결합한 활동이에요. 어휘를 재미있게 사용하면서 어휘력과 어휘에 대한 관심을 동시에 높여 줍니다. 두 단어를 한 문장 안에서 연결해 사용하라는 제한이 아이의 창의력을 높여 주지요.

'탐구력 꽉 잡아'에서는 배우지 않은 새로운 단어를 탐색해 봅니다. 이번 주제 한자는 月(달월)이잖아요? 그래서 '달 월'이 들어간 단어 2개, '달 월'이 아닌 다른 뜻의 '월'이 들어간 단어 2개, 그리고 빈칸 4개를 제시했어요. 우선 제시된 4개의 단어에서 '달 월'이 사용된 단어와 그렇지 않은 단어를 구분해 보세요. 이를 통해 '월'이라고 해서 모두 '달 월'의 뜻으로 쓰인 게 아니라 또 다른 뜻의 '월'이 있다는 걸 알게 됩니다. 이후에는 '월'이 들어간 4개의 새로운 단어를 찾아보세요. 사전을 찾아볼 수도 있고 가족과 함께 찾아보아도 좋아요. 책을 읽거나 길을 걷다가 간판에서 찾게 될 수도 있지요. 모두 제시하지 않고 빈칸으로 남겨둔 것은 단어에 관심을 갖도록 하기 위해서입니다. 일상생활에서 이렇게 단어를 찾다 보면 '단어 의식word consciousness'이 높아져요. 단어 의식이 높아지면 어휘를 학습하지 않는 일상의 모든 순간에도 어휘력이 계속해서 성장할 수 있습니다.

차례

1주차

2주차

1주차

船

뜻   소리
배 선

추론력 꽉 잡아

한자의 뜻과 그림을 보고 단어의 뜻을 짐작해 보세요.

고기 잡을 **어** + 배 선
어선

탈 **승** + 배 선
승선

승선 시작합니다.

배 선 + 우두머리 **장**
선장

지을 **조** + 배 선 + 장소 **소**
조선소

 배 선(船)이 숨어 있는 단어를 알아봅시다.

어선
고기 잡을 어 + 배 선

뜻

고기잡이를 하는 배

표현1 할아버지는 새벽부터 어선을 타고 나가셨다.

표현2 어선 위에는 싱싱한 생선이 가득했다.

승선
탈 승 + 배 선

뜻

배를 탐

표현1 많은 사람들이 승선하고 있었다.

표현2 승선하지 못한 사람들은 배를 놓치고 말았다.

선장
배 선 + 우두머리 장

뜻

배를 책임지고 통솔하는 사람

표현1 배 위에서는 선장의 말을 따라야 한다.

표현2 후크 선장은 한쪽 손이 갈고리이다.

조선소
지을 조 + 배 선 + 장소 소

뜻

배를 만들거나 고치는 곳

표현1 조선소 사람들이 배를 만드느라 정신이 없다.

표현2 조선소에는 수많은 배가 있었다.

 배 선(船)을 넣어 한 문장 글쓰기를 해 보세요.

어선 고기잡이를 하는 배

어선 근처에는

승선 배를 탐

승선하던 중에

선장 배를 책임지고 통솔하는 사람

선장이 된다면

조선소 배를 만들거나 고치는 곳

조선소는

창의력 꽉 잡아 배 선(船)이 들어간 단어를 2개 이상 사용하여 문장을 써 보세요.

예시

선장이 **승선**을 명령하였다.

탐구력 꽉 잡아

1. 단어에 '선'이 들어간 경우를 책 혹은 주변에서 찾아 빈칸에 써 보세요.
2. 배 선(船)이 사용된 단어에는 ○, 아니면 X를 표시해 보세요.

선상
(배 위)

선악
(착함과 악함)

선원
(배의 승무원)

선의
(착한 마음)

'착함'과 관련된 단어를 골라내 보세요.

22

車

뜻   소리
수레 차 ★

 추론력 꽉 잡아

한자의 뜻과 그림을 보고 단어의 뜻을 짐작해 보세요.

수레 **차** + 쓸 비
차비

머무를 주 + 수레 **차**
주차

수레 **차** + 줄 선
차선

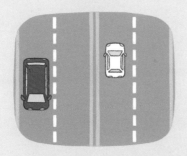

없을 무 + 품삯 임 + 탈 승 + 수레 **차**
무임승차

★ '수레 차'는 '수레 거'라고도 읽습니다.

 **어휘력 꽉 잡아** 수레 차(車)가 숨어 있는 단어를 알아봅시다.

차비
수레 차 + 쓸 비

뜻
차를 타는 데에 드는 비용

표현1   버스를 타려면 차비를 내야 한다.

표현2   어린이는 차비가 저렴하다.

주차
머무를 주 + 수레 차

뜻
자동차를 세워 둠

표현1   아빠는 주차하고 오실 거야.

표현2   주차하다가 사고가 났다.

차선
수레 차 + 줄 선

뜻
차가 다니는 길에 그려 놓은 선

표현1   차선을 지키지 않아 사고가 났다.

표현2   차선을 바꿀 때는 깜빡이를 켜야 한다.

무임승차
없을 무 + 품삯 임 + 탈 승 + 수레 차

뜻
차비를 내지 않고 차를 타는 일

표현1   무임승차는 불법이다.

표현2   무임승차를 하다가 들키고 말았다.

 **글쓰기 꽉 잡아** 수레 차(車)를 넣어 한 문장 글쓰기를 해 보세요.

차비 차를 타는 데에 드는 비용

차비가 없어

주차 자동차를 세워 둠

주차할 자리가 없어

차선 차가 다니는 길에 그려 놓은 선

차선 위에

무임승차 차비를 내지 않고 차를 타는 일

언니는

수레 차(車)가 들어간 단어를 2개 이상 사용하여 문장을 써 보세요.

예시

차비가 없어 무임승차를 할 수밖에 없었다.

탐구력 꽉 잡아

1. 단어에 '차'가 들어간 경우를 책 혹은 주변에서 찾아 빈칸에 써 보세요.
2. 수레 차(車)가 사용된 단어에는 ○, 아니면 X를 표시해 보세요.

차도
(차가 다니는 길)

세차
(차를 씻는 일)

차남
(둘째 아들)

차선
(두 번째로 좋음)

'두 번째'와 관련된 단어를 골라내 보세요.

衣

뜻   소리

옷 의

 추론력 꽉 잡아

한자의 뜻과 그림을 보고 단어의 뜻을 짐작해 보세요.

옷 의 + 무리 류
의류

안 내 + 옷 의
내의

벗을 탈 + 옷 의
탈의

사람 인 + 모양 상 + 붙을 착 + 옷 의
인상착의

사람을 찾습니다.

· 성명 : 김OO
· 인상착의 : 173cm, 보통체격, 파란색 상의, 베이지색 바지

 옷 의(衣)가 숨어 있는 단어를 알아봅시다.

의류
옷 의 + 무리 류

 뜻

입을 수 있는 옷의 모든 종류

표현1   백화점 의류 코너에는 다양한 옷이 있었다.

표현2   불우이웃을 돕기 위해 의류를 모았다.

내의
안 내 + 옷 의

 뜻

안에 입는 옷

표현1   깜빡하고 내의만 입고 편의점에 갔다.

표현2   겨울에 내의를 입으면 따듯하다.

탈의
벗을 탈 + 옷 의

뜻

옷을 벗음

표현1   병원에서 탈의하고 검사를 받았다.

표현2   탈의실에 들어가 옷을 갈아입었다.

인상착의
사람 인 + 모양 상 + 붙을 착 + 옷 의

뜻

사람의 생김새와 옷차림

표현1   범인의 인상착의를 확인하고 있다.

표현2   그림을 그리기 위해 사람들의 인상착의를 관찰하고 있었다.

 '탈의'의 반대말은 '착의'입니다.

글쓰기 꽉 잡아 옷 의(衣)를 넣어 한 문장 글쓰기를 해 보세요.

의류 입을 수 있는 옷의 모든 종류

장롱에는

내의 안에 입는 옷

날씨가

탈의 옷을 벗음

탈의를 한 채

인상착의 사람의 생김새와 옷차림

공원에서

창의력 꽉 잡아

옷 의(衣)가 들어간 단어를 2개 이상 사용하여 문장을 써 보세요.

예시

내의까지 모두 탈의하시고 가운을 입어 주세요.

탐구력 꽉 잡아

1. 단어에 '의'가 들어간 경우를 책 혹은 주변에서 찾아 빈칸에 써 보세요.
2. 옷 의(衣)가 사용된 단어에는 ○, 아니면 X를 표시해 보세요.

하의
(바지처럼 아래에 입는 옷)

의사
(병을 치료하는 사람)

의학
(병을 치료하는 기술을 연구하는 학문)

우의
(비가 올 때 입는 옷)

'병의 치료'와 관련된 단어를 골라내 보세요.

服

뜻   소리

옷 복 *

 추론력 꽉 잡아

한자의 뜻과 그림을 보고 단어의 뜻을 짐작해 보세요.

학교 교 + 옷 복
교복

군사 군 + 옷 복
군복

한국 한 + 옷 복
한복

서양 양 + 옷 복
양복

★ '옷'이란 뜻 외에도 '복종', '굴복'처럼 '따르다'라는 의미로도 많이 사용됩니다.

 어휘력 꽉 잡아

옷 복(服)이 숨어 있는 단어를 알아봅시다.

교복
학교 교 + 옷 복

 뜻

학교에서 학생들에게 입히는 옷

표현 1 중고등학생은 교복을 입는다.

표현 2 언니는 교복을 맞추러 갔다.

군복
군사 군 + 옷 복

 뜻

군인들이 입는 옷

표현 1 형이 군복을 입고 휴가를 나왔다.

표현 2 군복을 입은 형의 모습이 멋졌다.

한복
한국 한 + 옷 복

 뜻

한국의 전통 옷

표현 1 명절에는 한복을 입고 싶다.

표현 2 한복을 입고 큰절을 올렸다.

양복
서양 양 + 옷 복

 뜻

서양식 옷

표현 1 아빠는 양복을 입고 출근했다.

표현 2 양복 차림의 신사가 가게로 들어왔다.

 **글쓰기 꽉 잡아** 옷 복(服)을 넣어 한 문장 글쓰기를 해 보세요.

교복 학교에서 학생들에게 입히는 옷

교복이 찢어져 ....

군복 군인들이 입는 옷

기차 안에는 ....

한복 한국의 전통 옷

요즘 다시 ....

양복 서양식 옷

엄마가 ....

33

창의력 꽉 잡아

옷 복(服)이 들어간 단어를 2개 이상 사용하여 문장을 써 보세요.

예시

한복을 교복으로 정한 학교도 있다.

탐구력 꽉 잡아

1. 단어에 '복'이 들어간 경우를 책 혹은 주변에서 찾아 빈칸에 써 보세요.
2. 옷 복(服)이 사용된 단어에는 ○, 아니면 X를 표시해 보세요.

 **법복**
(법정에서 법관들이 입는 옷)

다복
(복이 많음)

평복
(평상시에 입는 옷)

명복
(죽은 뒤 저승에서 받는 복)

 새해 인사로 나누는 '복'과 관련된 단어를 골라내 보세요.

球

뜻   소리

공 구

추론력 꽉 잡아

한자의 뜻과 그림을 보고 단어의 뜻을 짐작해 보세요.

공 구 + 모양 형
구형

공 구 + 마당 장
구장 ★

피할 피 + 공 구
피구

온전할 전 + 힘 력 + 던질 투 + 공 구
전력투구

★ 야구장, 축구장처럼 사용되기도 해요.

 어휘력 꽉 잡아

공 구(球)가 숨어 있는 단어를 알아봅시다.

구형
공 구 + 모양 형

 뜻

공같이 둥근 형태

표현 1 지구는 구형의 행성이다.

표현 2 구형의 돌멩이를 찾고 있다.

구장
공 구 + 마당 장

 뜻

축구, 야구처럼 공을 가지고
시합하는 운동장

표현 1 잔디 구장에 선수들이 모여 있다.

표현 2 야구장은 사람들로 가득했다.

피구
피할 피 + 공 구

뜻

공을 던지고 피하며 노는 공놀이

표현 1 체육 시간에 피구 시합을 했다.

표현 2 피구 공에 맞아서 조금 아팠다.

전력투구
온전할 전 + 힘 력 + 던질 투 + 공 구

뜻

온 힘을 다해 던짐
온 힘을 다해 노력함

표현 1 투수는 계속해서 전력투구 중이다.

표현 2 위기에 처했을 때는 전력투구해야
한다.

공 구(球)를 넣어 한 문장 글쓰기를 해 보세요.

구형 공같이 둥근 형태

지우개가

구장 축구, 야구처럼 공을 가지고 시합하는 운동장

친구들이랑

피구 공을 던지고 피하며 노는 공놀이

선생님이

전력투구 온 힘을 다해 노력함

늘 전력투구를 하면

창의력 꽉 잡아 공 구(球)가 들어간 단어를 2개 이상 사용하여 문장을 써 보세요.

예시

피구 시간에 전력투구를 해서 어깨가 아프다.

1. 단어에 '구'가 들어간 경우를 책 혹은 주변에서 찾아 빈칸에 써 보세요.
2. 공 구(球)가 사용된 단어에는 ○, 아니면 X를 표시해 보세요.

전구
(전등에 끼우는
공 모양의 기구)

구역
(갈라놓은 지역)

타구
(공을 치는 일)

구간
(구역과 구역 사이)

 '구분하는 것'과 관련된 단어를 골라내 보세요.

1주 차 복습

콩나물쌤의 강의를 먼저 듣고 공부를 시작하면 이해가 쏙쏙!

QR 코드를 스캔하면 강의 영상을 볼 수 있어요.

1. 다음 어휘를 보고 그 뜻으로 알맞은 것을 골라 선으로 연결하세요.

어선 •   • 공같이 둥근 형태

주차 •   • 서양식 옷

탈의 •   • 고기잡이를 하는 배

양복 •   • 옷을 벗음

구형 •   • 자동차를 세워 둠

2. 다음 뜻을 가진 어휘를 쓰세요.

축구, 야구처럼 공을 가지고 시합하는 운동장	배를 탐	차가 다니는 길에 그려 놓은 선	사람의 생김새와 옷차림	학교에서 학생들에게 입히는 옷
⬇	⬇	⬇	⬇	⬇

3. 다음의 뜻이 되도록 보기에서 알맞은 한자어를 골라 쓰세요.

보기

수레 차, 배 선, 옷 의, 공 구, 옷 복

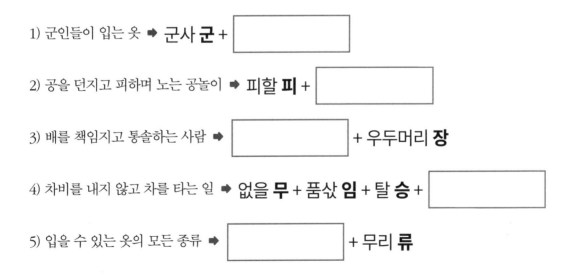

1) 군인들이 입는 옷 ➡ 군사 **군** + 　　　　

2) 공을 던지고 피하며 노는 공놀이 ➡ 피할 **피** + 　　　　

3) 배를 책임지고 통솔하는 사람 ➡ 　　　　 + 우두머리 **장**

4) 차비를 내지 않고 차를 타는 일 ➡ 없을 **무** + 품삯 **임** + 탈 **승** + 　　　　

5) 입을 수 있는 옷의 모든 종류 ➡ 　　　　 + 무리 **류**

4. 다음 어휘를 이용해 한 문장 글쓰기를 해 보세요.

내의

➡ _____

한복

➡ _____

전력투구

➡ _____

조선소

➡ _____

차비

➡ _____

2주차

線

뜻   소리

줄 선

 **추론력 꽉 잡아**   한자의 뜻과 그림을 보고 단어의 뜻을 짐작해 보세요.

없을 무 + 줄 선
무선

곧을 직 + 줄 선
직선

볼 시 + 줄 선
시선

벗어날 탈 + 줄 선 + 다닐 행 + 할 위
탈선행위

 줄 선(線)이 숨어 있는 단어를 알아봅시다.

무선
없을 무 + 줄 선

뜻
선이 없음

표현1 이번에 무선 마우스를 새로 샀다.

표현2 어제 무선 이어폰을 잃어버렸다.

직선
곧을 직 + 줄 선

뜻
곧은 선

표현1 수학 시간에 직선에 대해 배웠다.

표현2 도로는 직선으로 뻗어 있었다.

시선
볼 시 + 줄 선

뜻
보이는 물체와 눈 사이의 선
눈이 가는 길

표현1 그는 시선을 들어 새를 바라보았다.

표현2 모두의 시선이 그에게 쏠렸다.

탈선행위
벗어날 탈 + 줄 선 + 다닐 행 + 할 위

뜻
선을 벗어난 행위
규칙이나 상식을 벗어난 행위

표현1 그들은 탈선행위를 해 붙잡혔다.

표현2 청소년들의 탈선행위가 심각해지고 있다.

글쓰기 꽉 잡아 줄 선(線)을 넣어 한 문장 글쓰기를 해 보세요.

무선 선이 없음

요즘에는 ....

직선 곧은 선

직선은 ....

시선 눈이 가는 길

초콜릿에서 ....

탈선행위 규칙이나 상식을 벗어난 행위

탈선행위는 절대 ....

창의력 꽉 잡아

줄 선(線)이 들어간 단어를 2개 이상 사용하여 문장을 써 보세요.

예시

그의 시선이 탈선행위를 하고 있는 청소년들에게 머물렀다.

_____

탐구력 꽉 잡아

1. 단어에 '선'이 들어간 경우를 책 혹은 주변에서 찾아 빈칸에 써 보세요.
2. 줄 선(線)이 사용된 단어에는 ○, 아니면 X를 표시해 보세요.

선분
(직선 위에서 두 점에 의해 한정된 부분)

신선
(새롭고 싱싱함)

생선
(신선한 물고기)

광선
(빛이 나아가는 줄기)

'싱싱함'과 관련된 단어를 골라내 보세요.

藥

뜻 소리

약 약

추론력 꽉 잡아

한자의 뜻과 그림을 보고 단어의 뜻을 짐작해 보세요.

약 약 + 방 국
약국

약 약 + 풀 초
약초

이 치 + 약 약
치약

일백 백 + 약 약 + 없을 무 + 효과 효
백약무효

약 약(藥)이 숨어 있는 단어를 알아봅시다.

약국
약 약 + 방 국

 뜻

약사가 약을 조제하고 파는 곳

표현1   약국에 들러 두통약을 사 왔다.

표현2   배가 아파서 약국에 갔다.

약초
약 약 + 풀 초

 뜻

약으로 쓰는 풀

표현1   할아버지는 약초를 캐러 산으로 가셨다.

표현2   약초를 달여 먹고 허리가 나았다.

치약
이 치 + 약 약

 뜻

이를 닦는 데 쓰는 약

표현1   치약을 묻혀 양치를 했다.

표현2   웃다가 치약을 삼켰다.

백약무효
일백 백 + 약 약 + 없을 무 + 효과 효

 뜻

온갖 약을 다 써도 효과가 없음

표현1   큰 병에 걸려 백약무효다.

표현2   백약이 무효하다지만 노력해 봐야지.

약 약(藥)을 넣어 한 문장 글쓰기를 해 보세요.

약국 약사가 약을 조제하고 파는 곳

얼른

약초 약으로 쓰는 풀

함부로

치약 이를 닦는 데 쓰는 약

화장실에서

백약무효 온갖 약을 다 써도 효과가 없음

만약

창의력 꽉 잡아 · 약 약(藥)이 들어간 단어를 2개 이상 사용하여 문장을 써 보세요.

예시

좋은 약초를 먹고 백약이 무효하다는 큰 병이 나았다.

1. 단어에 '약'이 들어간 경우를 책 혹은 주변에서 찾아 빈칸에 써 보세요.
2. 약 약(藥)이 사용된 단어에는 ○, 아니면 X를 표시해 보세요.

보약
(몸의 기력을 돕는 약)

예약
(미리 약속함)

마약
(마취 작용을 하는 중독성 강한 약)

언약
(말로 약속함)

'약속'과 관련된 단어를 골라내 보세요.

油 뜻 소리
기름 유

 **추론력 꽉 잡아** 한자의 뜻과 그림을 보고 단어의 뜻을 짐작해 보세요.

부을 주 + 기름 유
주유

기름 유 + 성질 성
유성

유성이라 괜찮아.

먹을 식 + 쓸 용 + 기름 유
식용유

100% 올리브유
건강한 콩기름

기름 유 + 그릇 조★ + 배 선
유조선

★ 원래는 가축들의 먹이를 담는 그릇을 뜻하는 '구유 조'입니다.

어휘력 꽉 잡아 기름 유(油)가 숨어 있는 단어를 알아봅시다.

주유
부을 주 + 기름 유

뜻
자동차 등에 기름을 넣음

표현1 버스는 주유를 마치고 출발했다.

표현2 형은 주유소에서 일한다.

유성
기름 유 + 성질 성

뜻
기름의 성질

표현1 유성 매직으로 선을 그었다.

표현2 유성펜으로 그린 낙서는 쉽게 지워지지 않는다.

식용유
먹을 식 + 쓸 용 + 기름 유

뜻
먹는 용도로 사용하는 기름

표현1 식용유로 튀김을 부쳤다.

표현2 마트에서 식용유를 샀다.

유조선
기름 유 + 그릇 조 + 배 선

뜻
기름을 운반하는 배

표현1 유조선 안에는 석유가 가득하다.

표현2 유조선이 침몰해 바다가 오염되었다.

 글쓰기 꽉 잡아

기름 유(油)를 넣어 한 문장 글쓰기를 해 보세요.

주유 자동차 등에 기름을 넣음

주유할 때는

유성 기름의 성질

수성펜과 유성펜의

식용유 먹는 용도로 사용하는 기름

식용유를 쏟아

유조선 기름을 운반하는 배

도착했다.

 기름 유(油)가 들어간 단어를 2개 이상 사용하여 문장을 써 보세요.

예시

주유를 마친 후 유조선은 항구를 떠났다.

 1. 단어에 '유'가 들어간 경우를 책 혹은 주변에서 찾아 빈칸에 써 보세요.
2. 기름 유(油)가 사용된 단어에는 ○, 아니면 X를 표시해 보세요.

유전
(석유가 나는 곳)

사유
(일이 그렇게 된 까닭)

원유
(땅에서 나온 정제되지 않은 기름)

이유
(어떤 결과에 이른 까닭)

 '까닭'과 관련된 단어를 골라내 보세요.

鐵

뜻   소리

쇠 철

추론력 꽉 잡아

한자의 뜻과 그림을 보고 단어의 뜻을 짐작해 보세요.

강철 강 + 쇠 철
강철

옛 고 + 쇠 철
고철

전기 전 + 쇠 철
전철

마디 촌 + 쇠 철 + 죽일 살 + 사람 인
촌철살인

 어휘력 꽉 잡아

쇠 철(鐵)이 숨어 있는 단어를 알아봅시다.

강철
강철 강 + 쇠 철

 뜻

아주 단단한 철
아주 단단하고 굳센 것

표현1 그는 강철 같은 사람이다.

표현2 상어의 이빨은 강철과 같이 단단하다.

고철
옛 고 + 쇠 철

 뜻

아주 낡고 오래된 쇠

표현1 고물상에 가서 고철을 팔았다.

표현2 고철은 녹여 재활용할 수 있다.

전철
전기 전 + 쇠 철

 뜻

전기로 가는 철도
전기 철도 위를 달리는 전동차

표현1 엄마는 전철을 타고 출퇴근을 하신다.

표현2 전철을 타고 서울을 한 바퀴 돌았다.

촌철살인
마디 촌 + 쇠 철 + 죽일 살 + 사람 인

 뜻

한 마디의 쇠로 사람을 죽일 수 있음
매우 강력한 말 한마디

표현1 그의 평가는 늘 촌철살인으로 유명하다.

표현2 촌철살인의 한마디에 모두들 감동했다.

 지하철은 전철의 일종입니다.

56

 **글쓰기 꽉 잡아** 쇠 철(鐵)을 넣어 한 문장 글쓰기를 해 보세요.

강철 아주 단단하고 굳센 것

그는 매우

고철 아주 낡고 오래된 쇠

동네에는

전철 전기 철도 위를 달리는 전동차

어제는

촌철살인 매우 강력한 말 한마디

유머 속에

57

창의력 꽉 잡아

쇠 철(鐵)이 들어간 단어를 2개 이상 사용하여 문장을 써 보세요.

예시

오래된 전철은 고철이 된다.

_____

탐구력 꽉 잡아

1. 단어에 '철'이 들어간 경우를 책 혹은 주변에서 찾아 빈칸에 써 보세요.
2. 쇠 철(鐵)이 사용된 단어에는 ○, 아니면 X를 표시해 보세요.

철봉
(쇠로 만든 봉이 있는 운동 기구)

철사
(쇠로 만든 가는 줄)

철인
(사리에 밝은 사람)

철학
(인간의 삶을 밝히는 학문)

 '밝음'과 관련된 단어를 골라내 보세요.

뜻   소리

숯 탄 *

 **추론력 꽉 잡아**

한자의 뜻과 그림을 보고 단어의 뜻을 짐작해 보세요.

돌 석 + 숯 탄
석탄

불릴 연 + 숯 탄
연탄

숯 탄 + 산소 산 + 물 수
탄산수

칠할 도 + 숯 탄 + 어조사 지 + 쓸 고
도탄지고

★ 고기를 구워 먹을 때 쓰는 숯을 뜻합니다.

숯 탄(炭)이 숨어 있는 단어를 알아봅시다.

석탄
돌 석 + 숯 탄

뜻
숯처럼 불에 타는 돌

표현 1   예전에는 석탄으로 불을 지폈다.

표현 2   할아버지는 석탄을 캐는 광부였다.

연탄
불릴 연 + 숯 탄

뜻
반죽한 다음 불려 만든 석탄

표현 1   시골 할머니 집은 아직도 연탄을 땐다.

표현 2   늦은 밤 어머니가 연탄을 갈고 계셨다.

탄산수
숯 탄 + 산소 산 + 물 수

뜻
이산화탄소가 녹아 산성이 된 물

표현 1   목이 말라 탄산수를 꺼내 마셨다.

표현 2   탄산수 뚜껑을 열자 특유의 소리가 났다.

도탄지고
칠할 도 + 숯 탄 + 어조사 지 + 쓸 고

뜻
진구렁에 빠지고 숯불에 타는 괴로움

표현 1   아들이 죽자 아버지는 도탄지고에 빠졌다.

표현 2   도탄지고에 빠진 친구를 위로하였다.

 **글쓰기 꽉 잡아** 숯 탄(炭)을 넣어 한 문장 글쓰기를 해 보세요.

석탄 숯처럼 불에 타는 돌

광부들이

연탄 반죽한 다음 불려 만든 석탄

하얗게 재가 된

탄산수 이산화탄소가 녹아 산성이 된 물

탄산수를

도탄지고 진구렁에 빠지고 숯불에 타는 괴로움

정부는 국민을

61

 **창의력 꽉 잡아** 숯 탄(炭)이 들어간 단어를 2개 이상 사용하여 문장을 써 보세요.

예시

연탄가스에 중독된 사고로 온 가족이 도탄지고에 빠졌다.

 **탐구력 꽉 잡아**

1. 단어에 '탄'이 들어간 경우를 책 혹은 주변에서 찾아 빈칸에 써 보세요.
2. 숯 탄(炭)이 사용된 단어에는 ○, 아니면 X를 표시해 보세요.

 **탄광**
(석탄을 캐내는 광산)

탄약
(탄알과 화약)

목탄
(나무를 태워 만든 숯)

실탄
(쏘았을 때 실제로 효력을 나타내는 탄알)

 총을 쏘았을 때 날아가는 '탄알'과 관련된 단어를 골라내 보세요.

2주 차 복습

콩나물쌤의 강의를 먼저 듣고 공부를 시작하면 이해가 쏙쏙!

QR 코드를 스캔하면 강의 영상을 볼 수 있어요.

1. 다음 어휘를 보고 그 뜻으로 알맞은 것을 골라 선으로 연결하세요.

무선   ●   ● 선이 없음

약초   ●   ● 매우 강력한 말 한마디

식용유   ●   ● 약으로 쓰는 풀

촌철살인   ●   ● 숯처럼 불에 타는 돌

석탄   ●   ● 먹는 용도로 사용하는 기름

2. 다음 뜻을 가진 어휘를 쓰세요.

반죽한 다음 불려 만든 석탄	곧은 선	이를 닦는 데 쓰는 약	기름을 운반하는 배	아주 단단하고 굳센 것

⬇   ⬇   ⬇   ⬇   ⬇

3. 다음의 뜻이 되도록 보기에서 알맞은 한자어를 골라 쓰세요.

보기 **숯 탄, 기름 유, 약 약, 줄 선, 쇠 철**

1) 낡고 오래된 쇠 ➡ **옛 고** + ⬚

2) 이산화탄소가 녹아 산성이 된 물 ➡ ⬚ + **산소 산** + **물 수**

3) 눈이 가는 길 ➡ **볼 시** + ⬚

4) 온갖 약을 다 써도 효과가 없음 ➡ **일백 백** + ⬚ + **없을 무** + **효과 효**

5) 자동차 등에 기름을 넣음 ➡ **부을 주** + ⬚

4. 다음 어휘를 이용해 한 문장 글쓰기를 해 보세요.

유성

➡ _____

전철

➡ _____

도탄지고

➡ _____

탈선행위

➡ _____

약국

➡ _____

3주차

馬

뜻   소리

말 마

추론력 꽉 잡아

한자의 뜻과 그림을 보고 단어의 뜻을 짐작해 보세요.

말 마 + 수레 차
마차

탈 승 + 말 마
승마

겨룰 경 + 말 마
경마

대나무 죽 + 말 마 + 친숙할 고 + 벗 우
죽마고우

 말 마(馬)가 숨어 있는 단어를 알아봅시다.

마차
말 마 + 수레 차

뜻

말이 끄는 수레

표현1 노신사가 마차에 올라탔다.

표현2 네 마리의 말이 끄는 마차가 빠르게 달렸다.

승마
탈 승 + 말 마

뜻

말을 탐

표현1 제주도에서 승마 체험을 했다.

표현2 승마를 하다 떨어져 크게 다쳤다.

경마
겨룰 경 + 말 마

뜻

말을 타고 달려 빠르기를 겨루는 경기

표현1 경마장에서 말들이 시원하게 달리고 있었다.

표현2 경마가 시작되자 사람들이 환호했다.

죽마고우
대나무 죽 + 말 마 + 친숙할 고 + 벗 우

뜻

대나무 말을 타고 놀던 오래된 친구

표현1 오랜만에 죽마고우와 만났다.

표현2 죽마고우와 함께 놀던 어린 시절이 그립다.

글쓰기 꽉 잡아

말 마(馬)를 넣어 한 문장 글쓰기를 해 보세요.

마차 말이 끄는 수레

민속촌에서 _____

승마 말을 탐

언니는 요즘 _____

경마 말을 타고 달려 빠르기를 겨루는 경기

TV에서 _____

죽마고우 대나무 말을 타고 놀던 오래된 친구

고향에 갔다 _____

말 마(馬)가 들어간 단어를 2개 이상 사용하여 문장을 써 보세요.

예시

죽마고우와 오랜만에 승마를 했다.

1. 단어에 '마'가 들어간 경우를 책 혹은 주변에서 찾아 빈칸에 써 보세요.
2. 말 마(馬)가 사용된 단어에는 ○, 아니면 X를 표시해 보세요.

백마
(흰 말)

마모
(갈아서 닳아 없어짐)

마력
(말 한 마리가 내는 힘)

연마
(갈고 닦음)

 '마찰시켜 가는 것'과 관련된 단어를 골라내 보세요.

뜻   소리

소 우

추론력 꽉 잡아

한자의 뜻과 그림을 보고 단어의 뜻을 짐작해 보세요.

소 우 + 젖 유
우유

싸울 투 + 소 우
투우

끌 견 + 소 우
견우

아홉 구 + 소 우 + 한 일 + 털 모
구우일모

 어휘력 꽉 잡아

소 우(牛)가 숨어 있는 단어를 알아봅시다.

우유
소 우 + 젖 유

 뜻
소의 젖

표현1 목이 말라 우유를 마셨다.

표현2 우유에는 영양소가 풍부하다.

투우
싸울 투 + 소 우

 뜻
소싸움을 붙이는 경기

표현1 스페인에서 투우를 보았다.

표현2 투우사는 빨간 천을 들고 있었다.

견우
끌 견 + 소 우

뜻
견우직녀 설화에 나오는 소 치는 아이

표현1 견우와 직녀는 오작교에서 만났다.

표현2 견우는 직녀를 그리워했다.

구우일모
아홉 구 + 소 우 + 한 일 + 털 모

뜻
아홉 마리 소 가운데 털 하나
아주 적은 수

표현1 이건 그의 잘못 중 구우일모에 불과
하다.

표현2 비록 구우일모라고 해도 나에게는 소
중하다.

 **글쓰기 꽉 잡아** 소 우(牛)를 넣어 한 문장 글쓰기를 해 보세요.

우유 _{소의 젖}

학교에서

투우 _{소싸움을 붙이는 경기}

그들은 투우처럼 서로

견우 _{견우직녀 설화에 나오는 소 치는 아이}

견우는

구우일모 _{아주 적은 수}

이 돈은

73

소 우(牛)가 들어간 단어를 2개 이상 사용하여 문장을 써 보세요.

예시

투우를 마친 투우사가 우유를 마시고 있다.

_____

1. 단어에 '우'가 들어간 경우를 책 혹은 주변에서 찾아 빈칸에 써 보세요.
2. 소 우(牛)가 사용된 단어에는 ◯, 아니면 X를 표시해 보세요.

우설
(소의 혀)

우대
(특별히 잘 대우함)

우량
(물건의 품질이 좋음)

우사
(소를 기르는 곳)

'넉넉하고 좋음'과 관련된 단어를 골라내 보세요.

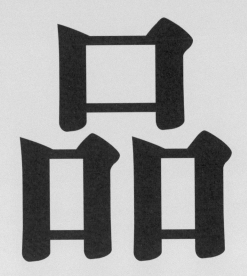

뜻 물건 소리 품

추론력 꽉 잡아

한자의 뜻과 그림을 보고 단어의 뜻을 짐작해 보세요.

밥 식 + 물건 품
식품

돌려보낼 반 + 물건 품
반품

반품 해야겠네.

물건 품 + 끊을 절
품절

또 품절이네.

하늘 천 + 아래 하 + 한 일 + 물건 품
천하일품

세상에서   흣!   최고예요!

어휘력 꽉 잡아

물건 품(品)이 숨어 있는 단어를 알아봅시다.

식품
밥 식 + 물건 품

뜻
사람이 먹는 음식물을
통틀어 이르는 말

표현1 식품 매장에 들러 채소를 샀다.

표현2 상한 식품을 먹고 식중독에 걸렸다.

반품
돌려보낼 반 + 물건 품

뜻
샀던 물품을 다시 되돌려 보냄

표현1 새로 산 컴퓨터에 흠집이 있어 반품
했다.

표현2 택배 아저씨가 반품을 받으러 왔다.

품절
물건 품 + 끊을 절

뜻
물건이 다 팔리고 없음

표현1 떡볶이를 사러 갔지만 품절이었다.

표현2 새로 나온 라면은 품절이었다.

천하일품
하늘 천 + 아래 하 + 한 일 + 물건 품

뜻
하늘 아래 하나밖에
없을 정도로 뛰어남

표현1 이 집 음식은 천하일품이다.

표현2 모두들 자기 고향 음식이 천하일품이
라며 자랑했다.

글쓰기 꽉 잡아 물건 품(品)을 넣어 한 문장 글쓰기를 해 보세요.

식품 사람이 먹는 음식물을 통틀어 이르는 말

내가 가장

반품 샀던 물품을 다시 되돌려 보냄

옷이

품절 물건이 다 팔리고 없음

마트에서

천하일품 하늘 아래 하나밖에 없을 정도로 뛰어남

엄마의

창의력 꽉 잡아 물건 품(品)이 들어간 단어를 2개 이상 사용하여 문장을 써 보세요.

예시

반품을 했다가 다시 사려고 했지만 품절이었다.

탐구력 꽉 잡아 다음 '물건 품'이 들어간 어휘와 그 뜻으로 알맞은 것을 골라 선으로 연결하세요.

약품
약 약 + 물건 품

○ 진짜인 물품

진품
참 진 + 물건 품

○ 전시회 등에 작품을 내놓음

유품
남길 유 + 물건 품

○ 병을 고치거나 예방하기 위해 쓰는 물질

출품
날 출 + 물건 품

○ 죽은 사람이 생전에 사용하다 남긴 물건

뜻   소리

뿔 각

추론력 꽉 잡아

한자의 뜻과 그림을 보고 단어의 뜻을 짐작해 보세요.

머리 두 + 뿔 각
두각

뿔 각 + 정도 도
각도

45°

곧을 직 + 뿔 각
직각

어린이동화

바로잡을 교 + 뿔 각 + 죽일 살 + 소 우
교각살우

뿔 각(角)이 숨어 있는 단어를 알아봅시다.

두각
머리 두 + 뿔 각

뜻

짐승 머리에 있는 뿔
뛰어난 학식이나 재능을 비유하는 말

표현1   그는 달리기에서 두각을 드러냈다.

표현2   어려서부터 학업에 두각을 나타냈다.

각도
뿔 각 + 정도 도

뜻

각이 벌어진 정도
생각의 방향이나 관점

표현1   진수가 찬 공은 45도 각도로 날아갔다.

표현2   이 문제에 대해 여러 각도로 생각해
보자.

짐승의 뿔이 눈에 띄는 것처럼 뛰어나다는
의미입니다.

직각
곧을 직 + 뿔 각

뜻

곧은 모양의 각
두 직선이 만나서 이루는 90도의 각

표현1   수학 시간에 직각 삼각형을 배웠다.

표현2   책상 모서리는 직각이었다.

교각살우
바로잡을 교 + 뿔 각 + 죽일 살 + 소 우

뜻

소의 뿔을 바로잡으려다 소를 죽임
잘못을 고치려다 지나쳐 일을 그르침

표현1   돈을 아끼려다 몸을 다치는 교각살우
의 잘못을 범했다.

표현2   교각살우하는 일이 없도록 조심합시다.

뿔 각(角)을 넣어 한 문장 글쓰기를 해 보세요.

두각 뛰어난 학식이나 재능을 비유하는 말

나는 특히

각도 각이 벌어진 정도

90도 각도로

직각 두 직선이 만나서 이루는 90도의 각

몸을 직각이 되게

교각살우 잘못을 고치려다 지나쳐 일을 그르침

언젠가

뿔 각(角)이 들어간 단어를 2개 이상 사용하여 문장을 써 보세요.

예시

각도를 재어 보았더니 **직각**이었다.

---

1. 단어에 '각'이 들어간 경우를 책 혹은 주변에서 찾아 빈칸에 써 보세요.
2. 뿔 각(角)이 사용된 단어에는 ◯, 아니면 X를 표시해 보세요.

다각형
(여러 개의 각을 가진 도형)

각국
(각각의 나라)

예각
(90도보다 작은 예리한 각)

각자
(각각의 자기 자신)

 '각각'과 관련된 단어를 골라내 보세요.

魚 물고기(뜻) 어(소리)

 추론력 꽉 잡아

한자의 뜻과 그림을 보고 단어의 뜻을 짐작해 보세요.

물고기 어 + 무리 류
어류

물고기 어 + 항아리 항
어항

사람 인 + 물고기 어
인어

인연 연 + 나무 목 + 구할 구 + 물고기 어
연목구어

 어휘력 꽉 잡아

물고기 어(魚)가 숨어 있는 단어를 알아봅시다.

어류
물고기 어 + 무리 류

 뜻

물고기에 해당하는 동물들의 무리

표현1 바다에는 다양한 어류가 살고 있다.

표현2 상어는 어류의 일종이다.

어항
물고기 어 + 항아리 항

 뜻

물고기를 기르는 항아리

표현1 어항에는 금붕어 세 마리가 있었다.

표현2 어항의 물은 자주 갈아 주어야 한다.

인어
사람 인 + 물고기 어

 뜻

사람의 상체에 물고기의
하체를 가진 상상의 동물

표현1 인어는 설화에 나오는 상상 속의 동물
이다.

표현2 안데르센은 인어공주라는 동화를 썼다.

연목구어
인연 연 + 나무 목 + 구할 구 + 물고기 어

 뜻

나무에 올라가서 물고기를 구함
불가능한 일을 굳이 하려 함

표현1 노력 없이 1등을 노리는 건 연목구어
와 같은 일이다.

표현2 그는 연목구어라며 제안을 거부했다.

글쓰기 꽉 잡아 물고기 어(魚)를 넣어 한 문장 글쓰기를 해 보세요.

어류 물고기에 해당하는 동물들의 무리

어류에는

어항 물고기를 기르는 항아리

지난주에

인어 사람의 상체에 물고기의 하체를 가진 상상의 동물

만약

연목구어 불가능한 일을 굳이 하려 함

바다에서

물고기 어(魚)가 들어간 단어를 2개 이상 사용하여 문장을 써 보세요.

예시

거대한 어항 안에는 다양한 어류가 헤엄치고 있었다.

탐구력 꽉 잡아

1. 단어에 '어'가 들어간 경우를 책 혹은 주변에서 찾아 빈칸에 써 보세요.
2. 물고기 어(魚)가 사용된 단어에는 ○, 아니면 X를 표시해 보세요.

건어
(말린 물고기)

대어
(큰 물고기)

어감
(말에서 나오는 느낌)

은어
(자기들끼리만 쓰는 말)

 '말'과 관련된 단어를 골라내 보세요.

3주 차 복습

콩나물쌤의 강의를 먼저 듣고 공부를 시작하면 이해가 쏙쏙!

QR 코드를 스캔하면 강의 영상을 볼 수 있어요.

1. 다음 어휘를 보고 그 뜻으로 알맞은 것을 골라 선으로 연결하세요.

마차 •   • 물건이 다 팔리고 없음

투우 •   • 물고기에 해당하는
                                  동물들의 무리

품절 •   • 말이 끄는 수레

교각살우 •   • 잘못을 고치려다
                                  지나쳐 일을 그르침

어류 •   • 소싸움을 붙이는 경기

2. 다음 뜻을 가진 어휘를 쓰세요.

물고기를 기르는 항아리	말을 탐	견우직녀 설화에 나오는 소 치는 아이	하늘 아래 하나밖에 없을 정도로 뛰어남	뛰어난 학식이나 재능을 비유하는 말
⬇	⬇	⬇	⬇	⬇

3. 다음의 뜻이 되도록 보기에서 알맞은 한자어를 골라 쓰세요.

보기
뿔 각, 소 **우**, 물고기 **어**, 말 **마**, 물건 **품**

1) 각이 벌어진 정도 ➡ [   ] + 정도 **도**

2) 사람의 상체에 물고기의 하체를 가진 상상의 동물 ➡ 사람 **인** + [   ]

3) 말을 타고 달려 빠르기를 겨루는 경기 ➡ 겨룰 **경** + [   ]

4) 아주 적은 수 ➡ 아홉 **구** + [   ] + 한 **일** + 털 **모**

5) 사람이 먹는 음식물을 통틀어 이르는 말 ➡ 밥 **식** + [   ]

4. 다음 어휘를 이용해 한 문장 글쓰기를 해 보세요.

반품

➡ _____

직각

➡ _____

연목구어

➡ _____

죽마고우

➡ _____

우유

➡ _____

뜻   소리

실과 과 *

추론력 꽉 잡아

한자의 뜻과 그림을 보고 단어의 뜻을 짐작해 보세요.

실과 과 + 나무 수
과수

맺을 결 + 실과 과
결과

열심   열심
결과

이룰 성 + 실과 과
성과

인할 인 + 실과 과 + 받을 응 + 갚을 보
인과응보

에잇!
아이고...

★ 실과는 나무에서 얻는 열매를 뜻합니다.

 **실과 과(果)**가 숨어 있는 단어를 알아봅시다.

과수
실과 과 + 나무 수

뜻

과일이 열리는 나무

표현1 과수원에 가서 사과를 땄다.

표현2 우리 고향에서는 다양한 과수를 재배
하고 있다.

결과
맺을 결 + 실과 과

뜻

열매를 맺음
어떤 원인으로 생긴 결말

표현1 노력의 결과로 100점을 받았다.

표현2 조사 결과 그의 죄가 밝혀졌다.

성과
이룰 성 + 실과 과

뜻

이루어낸 결실

표현1 운이 좋아서 커다란 성과를 얻었다.

표현2 협상은 했지만 별다른 성과는 없었다.

인과응보
인할 인 + 실과 과 + 받을 응 + 갚을 보

뜻

과거에 한 일에 걸맞는 결과를 받는 일

표현1 나쁜 짓을 많이 하면 인과응보에 따라
벌을 받게 된다.

표현2 인과응보라고 했으니 좋은 결과가 있
을 거다.

 **글쓰기 꽉 잡아** 실과 과(果)를 넣어 한 문장 글쓰기를 해 보세요.

과수 _{과일이 열리는 나무}

지난가을에는

결과 _{어떤 원인으로 생긴 결말}

시험 결과가

성과 _{이루어낸 결실}

앞으로

인과응보 _{과거에 한 일에 걸맞는 결과를 받는 일}

인과응보라지만

실과 과(果)가 들어간 단어를 2개 이상 사용하여 문장을 써 보세요.

예시

노력의 결과 과수원에는 커다란 과일이 주렁주렁 매달렸다.

1. 단어에 '과'가 들어간 경우를 책 혹은 주변에서 찾아 빈칸에 써 보세요.
2. 실과 과(果)가 사용된 단어에는 ○, 아니면 X를 표시해 보세요.

과도
(과일을 깎는 칼)

과도
(정도가 지나침)

과즙
(과일로 만든 즙)

과식
(지나치게 많이 먹음)

 '지나침'과 관련된 단어를 골라내 보세요.

94

樹

뜻   소리
나무 수 *

추론력
꽉 잡아

한자의 뜻과 그림을 보고 단어의 뜻을 짐작해 보세요.

나무 수 + 나무 목
수목

나무 수 + 진 액
수액

거리 가 + 길 로 + 나무 수
가로수

넓을 활 + 잎 엽 + 나무 수
활엽수

★ '나무 목(木)'과 달리 살아 있는 나무만을 뜻합니다.

나무 수(樹)가 숨어 있는 단어를 알아봅시다.

수목
나무 수 + 나무 목

뜻
살아 있는 나무

표현1 수목이 우거진 숲길을 걸었다.

표현2 수목원으로 나들이를 갔다.

수액
나무 수 + 진액

뜻
나무의 줄기를 통해
잎으로 올라가는 액

표현1 고무는 고무나무 수액으로 만든다.

표현2 단풍나무 수액을 졸여 메이플 시럽을
만들었다.

가로수
거리 가 + 길 로 + 나무 수

뜻
길을 따라 줄지어 심은 나무

표현1 무성한 가로수가 해를 가려 주었다.

표현2 가로수에서 은행 열매가 떨어졌다.

활엽수
넓을 활 + 잎 엽 + 나무 수

뜻
잎이 넓은 나무의 종류

표현1 활엽수의 잎은 대개 넓고 평평하다.

표현2 겨울이 되자 활엽수의 잎들이 모두
떨어졌다.

잎이 뾰족한 나무는 침엽수라고 합니다.

 나무 수(樹)를 넣어 한 문장 글쓰기를 해 보세요.

수목 살아 있는 나무

이곳은 ....

수액 나무의 줄기를 통해 잎으로 올라가는 액

나무에서 ....

가로수 길을 따라 줄지어 심은 나무

길을 가다 ....

활엽수 잎이 넓은 나무의 종류

활엽수의 잎으로 ....

나무 수(樹)가 들어간 단어를 2개 이상 사용하여 문장을 써 보세요.

예시

수목원에서 **활엽수**와 **침엽수**를 비교하며 관찰했다.

_____

1. 단어에 '수'가 들어간 경우를 책 혹은 주변에서 찾아 빈칸에 써 보세요.
2. 나무 수(樹)가 사용된 단어에는 ○, 아니면 X를 표시해 보세요.

수령
(나무의 나이)

수령
(무리를 이끄는 우두머리)

식수
(나무를 심음)

원수
(한 나라를 이끄는
최고 지도자)

'사람들을 이끄는 리더'와 관련된 단어를 골라내 보세요.

根

뜻 소리
뿌리 근 *

 **추론력 꽉 잡아** 한자의 뜻과 그림을 보고 단어의 뜻을 짐작해 보세요.

뿌리 근 + 뿌리 본
근본

뿌리 근 + 의지할 거
근거

용돈을 더 주셔야하는 근거를 써왔어요.

뿌리 근 + 끊을 절
근절

일 사 + 실제 실 + 없을 무 + 뿌리 근
사실무근

너 진짜 밥 10그릇 먹어?

사실무근 이야.

★ 식물의 뿌리처럼 모든 것의 기초와 기본을 뜻할 때 많이 사용됩니다.

어휘력 꽉 잡아

뿌리 근(根)이 숨어 있는 단어를 알아봅시다.

근본
뿌리 근 + 뿌리 본

뜻

초목의 뿌리
사물의 본질이나 본바탕

표현1 그는 근본이 좋은 사람이다.

표현2 지난 사고의 근본 원인이 밝혀졌다.

근거
뿌리 근 + 의지할 거

뜻

뿌리에 의지함
어떤 의견의 이유

표현1 네 생각의 근거를 말해 봐.

표현2 근거 없는 비방을 해서는 안돼.

근절
뿌리 근 + 끊을 절

뜻

다시 살아날 수 없게
아주 뿌리부터 끊어버림

표현1 부정행위를 근절해야 한다.

표현2 나쁜 습관을 근절하지 못하면 다시 반복된다.

사실무근
일 사 + 실제 실 + 없을 무 + 뿌리 근

뜻

근거가 없거나 사실이 아님

표현1 그가 죽었다는 소문은 사실무근이다.

표현2 그녀가 범인이라는 말은 사실무근이다.

 **글쓰기 꽉 잡아** 뿌리 근(根)을 넣어 한 문장 글쓰기를 해 보세요.

근본 사물의 본질이나 본바탕

근본이 나쁘면

근거 어떤 의견의 이유

주장의 근거는

근절 다시 살아날 수 없게 아주 뿌리부터 끊어버림

아직

사실무근 근거가 없거나 사실이 아님

사실무근의 소문이

뿌리 근(根)이 들어간 단어를 2개 이상 사용하여 문장을 써 보세요.

예시

사실무근의 헛소문을 근절해야 한다.

1. 단어에 '근'이 들어간 경우를 책 혹은 주변에서 찾아 빈칸에 써 보세요.
2. 뿌리 근(根)이 사용된 단어에는 ○, 아니면 X를 표시해 보세요.

화근
(재앙을 가져올 근원)

근교
(도심에서 가까운 지역)

원근
(멀고 가까움)

근원
(사물이 생겨나는 본바탕)

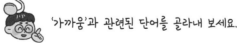

'가까움'과 관련된 단어를 골라내 보세요.

뜻   소리

풀 초

추론력 꽉 잡아

한자의 뜻과 그림을 보고 단어의 뜻을 짐작해 보세요.

풀 초 + 집 가
초가

풀 초 + 먹을 식
초식

섞일 잡 + 풀 초
잡초

맺을 결 + 풀 초 + 갚을 보 + 은혜 은
결초보은

으아

악

풀 초(草)가 숨어 있는 단어를 알아봅시다.

초가
풀 초 + 집 가

뜻

볏짚, 밀짚, 갈대 등으로 지붕을 인 집

표현 1 옛날에 가난한 이들은 초가에 살았다.

표현 2 할아버지는 초가집을 그리워하셨다.

초식
풀 초 + 먹을 식

뜻

주로 풀만 먹고 삶

표현 1 토끼와 사슴은 초식 동물이다.

표현 2 아무리 그래도 노루처럼 초식만 할 수는 없다.

초식의 반대말은 육식입니다.

잡초
섞일 잡 + 풀 초

뜻

가꾸지 않아도 저절로 나는
여러 가지 풀

표현 1 삼촌은 밭에서 잡초를 뽑았다.

표현 2 잡초 사이에서 뱀 한 마리가 나타났다.

결초보은
맺을 결 + 풀 초 + 갚을 보 + 은혜 은

뜻

(귀신이) 풀을 묶어 은혜에 보답함
죽은 뒤에라도 은혜를 잊지 않고 갚음

표현 1 큰 도움을 받았으니 반드시 결초보은할 것이다.

표현 2 나는 결초보은까지는 바라지도 않는다.

글쓰기 꽉 잡아

풀 초(艸)를 넣어 한 문장 글쓰기를 해 보세요.

초가 볏짚, 밀짚, 갈대 등으로 지붕을 인 집

시골에는

초식 주로 풀만 먹고 삶

어쩌다 보니

잡초 가꾸지 않아도 저절로 나는 여러 가지 풀

잡초를 그냥 두면

결초보은 죽은 뒤에라도 은혜를 잊지 않고 갚음

결초보은하려면

풀 초(草)가 들어간 단어를 2개 이상 사용하여 문장을 써 보세요.

예시

그들은 너무 가난해 초가집에서 초식만 했다.

---

1. 단어에 '초'가 들어간 경우를 책 혹은 주변에서 찾아 빈칸에 써 보세요.
2. 풀 초(草)가 사용된 단어에는 ◯, 아니면 X를 표시해 보세요.

초야
(풀이 난 들,
궁벽한 시골)

초면
(처음 만나는 처지)

해초
(바닷속에서 나는 풀)

초기
(어떤 기간의 처음 시기)

'처음'과 관련된 단어를 골라내 보세요.

뜻   소리

수풀 림

추론력
꽉 잡아

한자의 뜻과 그림을 보고 단어의 뜻을 짐작해 보세요.

산 산 + 수풀 림
산림

빽빽할 밀 + 수풀 림
밀림

수풀 림 + 일 업
임업 ★

술 주 + 못 지 + 고기 육 + 수풀 림
주지육림

★ '림'은 단어의 처음에 오면 '임'으로 읽힙니다.

 어휘력 꽉 잡아   수풀 림(林)이 숨어 있는 단어를 알아봅시다.

산림
산 산 + 수풀 림

 뜻

산과 숲

표현1   이 지역은 울창한 산림으로 유명하다.

표현2   골프장으로 인해 산림이 훼손되었다.

밀림
빽빽할 밀 + 수풀 림

 뜻

큰 나무들이 빽빽하게 들어선 깊은 숲

표현1   열대 밀림으로 탐험을 떠났다.

표현2   밀림에는 온갖 동물과 곤충이 살고 있다.

   밀림은 일반적으로 사람이 다니기 힘들 정도로 숲이 우거진 곳입니다.

임업
수풀 림 + 일 업

 뜻

경제적 이익을 위해
산림을 경영하는 사업

표현1   나무를 길러 팔거나 버섯을 재배하는 일이 모두 임업이다.

표현2   강원도는 산이 많아 임업이 발달했다.

주지육림
술 주 + 못 지 + 고기 육 + 수풀 림

 뜻

술로 연못을 이루고 고기로 숲을 이룸
매우 호사스러운 술잔치

표현1   임금이 주지육림에 빠져 나라를 망쳤다.

표현2   중국 은나라의 주왕으로 인해 주지육림이라는 말이 생겼다.

 **글쓰기 꽉 잡아** 수풀 림(林)을 넣어 한 문장 글쓰기를 해 보세요.

산림 산과 숲

울창한 산림이

밀림 큰 나무들이 빽빽하게 들어선 깊은 숲

밀림에서

임업 경제적 이익을 위해 산림을 경영하는 사업

삼촌은 시골에서

주지육림 매우 호사스러운 술잔치

주지육림에 빠지면

 **창의력 꽉 잡아**

수풀 림(林)이 들어간 단어를 2개 이상 사용하여 문장을 써 보세요.

예시

산림이 풍성한 곳에서는 다양한 임업이 발달한다.

_____

 **탐구력 꽉 잡아**

1. 단어에 '림'이 들어간 경우를 책 혹은 주변에서 찾아 빈칸에 써 보세요.
2. 수풀 림(林)이 사용된 단어에는 ◯, 아니면 X를 표시해 보세요.

 **임산물**
(산림에서 나는 물품)

임무
(맡은 일)

 **죽림**
(대나무 숲)

임기
(일정한 업무 따위를 맡은 기간)

 '일을 맡기는 것'과 관련된 단어를 골라내 보세요.

4주 차 복습

콩나물쌤의 강의를 먼저 듣고 공부를 시작하면 이해가 쏙쏙!

QR 코드를 스캔하면 강의 영상을 볼 수 있어요.

1. 다음 어휘를 보고 그 뜻으로 알맞은 것을 골라 선으로 연결하세요.

과수 ●   ● 다시 살아날 수 없게
                            아주 뿌리부터 끊어버림

수액 ●   ● 죽은 뒤에라도 은혜를
                            잊지 않고 갚음

근절 ●   ● 나무의 줄기를 통해
                            잎으로 올라가는 액

결초보은 ●   ● 매우 호사스러운 술잔치

주지육림 ●   ● 과일이 열리는 나무

2. 다음 뜻을 가진 어휘를 쓰세요.

산과 숲	어떤 원인으로 생긴 결말	길을 따라 줄지어 심은 나무	근거가 없거나 사실이 아님	볏짚, 밀짚, 갈대 등으로 지붕을 인 집
⬇	⬇	⬇	⬇	⬇

3. 다음의 뜻이 되도록 보기에서 알맞은 한자어를 골라 쓰세요.

보기

뿌리 근, 실과 과, 나무 수, 수풀 림, 풀 초

1) 주로 풀만 먹고 삶 ➡ ⬜⬜ + 먹을 **식**

2) 큰 나무들이 빽빽하게 들어선 깊은 숲 ➡ 빽빽할 **밀** + ⬜⬜

3) 이루어낸 결실 ➡ 이룰 **성** + ⬜⬜

4) 잎이 넓은 나무의 종류 ➡ 넓을 **활** + 잎 **엽** + ⬜⬜

5) 사물의 본질이나 본바탕 ➡ ⬜⬜ + 뿌리 **본**

4. 다음 어휘를 이용해 한 문장 글쓰기를 해 보세요.

근거

→ _____

잡초

→ _____

임업

→ _____

인과응보

→ _____

수목

→ _____

5주차

實

뜻   소리
실제 실 *

추론력 꽉 잡아

한자의 뜻과 그림을 보고 단어의 뜻을 짐작해 보세요.

지금 현 + 실제 실
현실

실제 실 + 힘 력
실력

혁!

실력을 보여주지.

실제 실 + 만물 물
실물

써 이 + 실제 실 + 곧을 직 + 고할 고
이실직고

★ 원래는 '열매 실'이지만 '실제'라는 뜻으로 더 많이 사용됩니다.

 실제 실(實)이 숨어 있는 단어를 알아봅시다.

현실
지금 현 + 실제 실

 뜻

지금 실제로 존재하는 사실이나 상태

표현 1 도저히 현실이라고 믿을 수 없었다.

표현 2 꿈에서 깬 듯 현실 감각이 없다.

실력
실제 실 + 힘 력

 뜻

실제로 가진 힘과 능력

표현 1 그는 실력도 없으면서 말만 많다.

표현 2 이번 대회는 실력을 발휘할 좋은 기회다.

실물
실제 실 + 만물 물

 뜻

실제로 있는 물건이나 사람

표현 1 온라인 쇼핑을 할 때는 실물을 볼 수 없다.

표현 2 사진보다 실물이 훨씬 나으시군요.

이실직고
써 이 + 실제 실 + 곧을 직 + 고할 고

 뜻

사실 그대로 말함

표현 1 어서 이실직고하지 못하겠느냐?

표현 2 잘못을 했을 때는 이실직고한 후 반성하는 게 좋다.

 **글쓰기 꽉 잡아** 실제 실(實)을 넣어 한 문장 글쓰기를 해 보세요.

현실 지금 실제로 존재하는 사실이나 상태

현실에서는

실력 실제로 가진 힘과 능력

실력을 쌓아야

실물 실제로 있는 물건이나 사람

아빠는

이실직고 사실 그대로 말함

만약

실제 실(實)이 들어간 단어를 2개 이상 사용하여 문장을 써 보세요.

예시

현실에서는 실력을 가진 사람이 그리 많지 않다.

1. 단어에 '실'이 들어간 경우를 책 혹은 주변에서 찾아 빈칸에 써
   보세요.
2. 실제 실(實)이 사용된 단어에는 ○, 아니면 X를 표시해 보세요.

실용
(실제로 씀)

실천
(생각한 바를 실제로 행함)

실격
(자격을 잃음)

실망
(희망을 잃음)

'잃음'과 관련된 단어를 골라내 보세요.

뜻   소리
쌀미

추론력 꽉 잡아

한자의 뜻과 그림을 보고 단어의 뜻을 짐작해 보세요.

흰 백 + 쌀 미
백미

쌀 미 + 마실 음
미음

군사 군 + 양식 량 + 쌀 미
군량미

정할 정 + 쌀 미 + 장소 소
정미소

백미
흰 백 + 쌀 미

뜻
흰쌀

표현 1   옛날에는 백미밥이 귀했다.

표현 2   백미는 맛있지만 건강에 나쁠 수 있다.

미음
쌀 미 + 마실 음

뜻
쌀을 푹 끓여 낸 걸쭉한 음식

표현 1   미음은 소화가 잘되어 주로 환자가 먹는다.

표현 2   미음 한 그릇을 먹고 정신을 차렸다.

군량미
군사 군 + 양식 량 + 쌀 미

뜻
군대에서 양식으로 쓰는 쌀

표현 1   전쟁이 일어나기 전에 군량미를 마련하도록 하라.

표현 2   군량미 삼백 석을 마련했습니다.

정미소
정할 정 + 쌀 미 + 장소 소

뜻
쌀 찧는 일을 전문적으로 하는 곳

표현 1   정미소에서는 벼를 먹을 수 있는 쌀로 도정한다.

표현 2   할머니는 옛날에 정미소를 운영하셨다.

 **글쓰기 꽉 잡아** 쌀 미(米)를 넣어 한 문장 글쓰기를 해 보세요.

백미 ^{흰쌀}

나는 잡곡밥보다

미음 ^{쌀을 푹 끓여 낸 걸쭉한 음식}

병원에

군량미 ^{군대에서 양식으로 쓰는 쌀}

군량미가 없으면

정미소 ^{쌀 찧는 일을 전문적으로 하는 곳}

정미소 앞에는

쌀 미(米)가 들어간 단어를 2개 이상 사용하여 문장을 써 보세요.

예시

군량미가 부족해 병사들이 묽은 미음만 먹고 있다.

_____

1. 단어에 '미'가 들어간 경우를 책 혹은 주변에서 찾아 빈칸에 써 보세요.
2. 쌀 미(米)가 사용된 단어에는 ○, 아니면 X를 표시해 보세요.

흑미
(검은 쌀)

미담
(아름다운 이야기)

현미
(벼의 겉껍질만 벗겨내
누르스름한 쌀)

찬미
(아름다운 것을 기림)

'아름다움'과 관련된 단어를 골라내 보세요.

葉

뜻   소리

잎 엽

추론력 꽉 잡아   한자의 뜻과 그림을 보고 단어의 뜻을 짐작해 보세요.

떨어질 낙 + 잎 엽
낙엽

잎 엽 + 돈 전
엽전

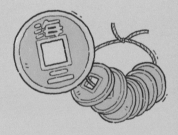

바늘 침 + 잎 엽 + 나무 수
침엽수

한 일 + 잎 엽 + 알 지 + 가을 추
일엽지추

가을이네.

 어휘력 꽉 잡아

잎 엽(葉)이 숨어 있는 단어를 알아봅시다.

낙엽
떨어질 낙 + 잎 엽

 뜻

나뭇잎이 떨어짐
말라서 떨어진 나뭇잎

표현 1 가을이라 낙엽이 여기저기 뒹굴고 있다.

표현 2 아버지는 낙엽을 쓸고 계셨다.

엽전
잎 엽 + 돈 전

 뜻

나뭇잎 모양의 돈
예전에 사용하던 돈의 종류

표현 1 사내는 국밥을 먹고 엽전을 내밀었다.

표현 2 창고에서 엽전 꾸러미를 발견했다.

침엽수
바늘 침 + 잎 엽 + 나무 수

 뜻

바늘 모양으로 가늘고 끝이 뾰족한 잎

표현 1 침엽수는 겨울에도 잎이 떨어지지 않는다.

표현 2 소나무는 대표적인 침엽수이다.

일엽지추
한 일 + 잎 엽 + 알 지 + 가을 추

 뜻

하나의 나뭇잎을 보고 가을임을 안다
조그만 일로 앞으로의 일을 짐작함

표현 1 일엽지추라고 하더니 정말 가을이 왔구나.

표현 2 일엽지추라고 너의 행동을 보니 결과를 알겠다.

글쓰기 꽉 잡아 잎 엽(葉)을 넣어 한 문장 글쓰기를 해 보세요.

낙엽 말라서 떨어진 나뭇잎

낙엽이 떨어지면

엽전 예전에 사용하던 돈의 종류

사또는

침엽수 바늘 모양으로 가늘고 끝이 뾰족한 잎

산 정상에는

일엽지추 조그만 일로 앞으로의 일을 짐작함

왜

125

잎 엽(葉)이 들어간 단어를 2개 이상 사용하여 문장을 써 보세요.

예시

가을이 왔지만 침엽수에서는 낙엽이 떨어지지 않았다.

탐구력
꽉 잡아

다음 '잎 엽'이 들어간 어휘와 그 뜻으로 알맞은 것을 골라 선으로 연결하세요.

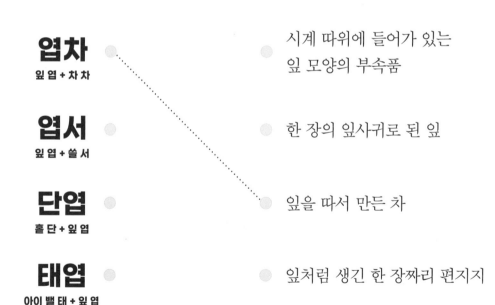

엽차
잎 엽 + 차 차

시계 따위에 들어가 있는
잎 모양의 부속품

엽서
잎 엽 + 쓸 서

한 장의 잎사귀로 된 잎

단엽
홑 단 + 잎 엽

잎을 따서 만든 차

태엽
아이 밸 태 + 잎 엽

잎처럼 생긴 한 장짜리 편지지

126

畫

뜻 그림　소리 화

 추론력 꽉 잡아 　한자의 뜻과 그림을 보고 단어의 뜻을 짐작해 보세요.

그림 화 + 사람 가
화가

그림 화 + 방 실
화실

백성 민 + 그림 화
민화

그림 화 + 용 룡 + 점 점 + 눈동자 정
화룡점정

어휘력 꽉 잡아

그림 화(畵)가 숨어 있는 단어를 알아봅시다.

화가
그림 화 + 사람 가

뜻

그림 그리는 일을
직업으로 하는 사람

표현1 화가는 조용히 그림을 그리고 있었다.

표현2 이모는 유명한 화가가 되었다.

화실
그림 화 + 방 실

뜻

그림을 그리는 등
예술 활동을 하는 방

표현1 학생이 화실에서 조각을 하고 있다.

표현2 화실에는 다양한 화구들이 준비되어
있었다.

민화
백성 민 + 그림 화

뜻

서민들의 생활을 소재로 한 그림

표현1 민화를 통해 조선시대 생활 모습을 알
수 있었다.

표현2 나는 순수한 민화가 좋다.

화룡점정
그림 화 + 용 룡 + 점 점 + 눈동자 정

뜻

눈동자를 찍어 용 그림을 완성함
일에 있어 가장 중요한 부분을 완성함

표현1 이 부분은 가히 화룡점정이라 할 만한다.

표현2 디저트가 이 식사의 화룡점정이지.

 **글쓰기 꽉 잡아** 그림 화(畵)를 넣어 한 문장 글쓰기를 해 보세요.

화가 그림 그리는 일을 직업으로 하는 사람

화가는 ....

화실 그림을 그리는 등 예술 활동을 하는 방

지난주에 ....

민화 서민들의 생활을 소재로 한 그림

할아버지는 특히 ....

화룡점정 일에 있어 가장 중요한 부분을 완성함

이 그림의 화룡점정은 ....

창의력 꽉 잡아

그림 화(畵)가 들어간 단어를 2개 이상 사용하여 문장을 써 보세요.

예시

화가는 화실에서 민화를 그리고 있었다.

_____

탐구력 꽉 잡아

1. 단어에 '화'가 들어간 경우를 책 혹은 주변에서 찾아 빈칸에 써 보세요.
2. 그림 화(畵)가 사용된 단어에는 ○, 아니면 X를 표시해 보세요.

벽화
(벽에 그린 그림)

강화
(더 강하게 함)

서화
(글씨와 그림)

노화
(늙어서 몸이 쇠퇴함)

'어떻게 변화되는 것'과 관련된 단어를 골라내 보세요.

銀

뜻   소리
은   은

추론력 꽉 잡아

한자의 뜻과 그림을 보고 단어의 뜻을 짐작해 보세요.

은 은 + 행할 행
은행

은 은 + 돈 화
은화

○○은행

은 은 + 얇을 박 + 종이 지
은박지

금 금 + 은 은 + 보배 보 + 재물 화
금은보화

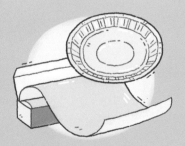

은 은(銀)이 숨어 있는 단어를 알아봅시다.

은행
은 은 + 행할 행

뜻

금과 은을 빌려주는 업무를 행하는 곳
돈을 맡아 주고 빌려주는 곳

표현 1   매달 꾸준히 은행에 저축을 하고 있다.

표현 2   아버지는 은행에서 돈을 빌려 사업을
시작했다.

은화
은 은 + 돈 화

뜻

은으로 만든 돈

표현 1   도둑이 은화를 훔쳐갔다.

표현 2   그는 취미로 은화를 모으고 있다.

은박지
은 은 + 얇을 박 + 종이 지

뜻

은을 종이처럼 얇게 만든 물건

표현 1   남은 음식을 은박지에 포장했다.

표현 2   김밥은 은박지에 싸여 있었다.

금은보화
금 금 + 은 은 + 보배 보 + 재물 화

뜻

금, 은 따위의 매우 귀중한 물건

표현 1   동굴 속에는 금은보화가 가득했다.

표현 2   배와 함께 금은보화가 바다로 침몰하
고 말았다.

 은 은(銀)을 넣어 한 문장 글쓰기를 해 보세요.

은행 돈을 맡아 주고 빌려주는 곳

어제 뉴스에서

은화 은으로 만든 돈

옛날에는

은박지 은을 종이처럼 얇게 만든 물건

고구마를

금은보화 금, 은 따위의 매우 귀중한 물건

보물선에

은 은(銀)이 들어간 단어를 2개 이상 사용하여 문장을 써 보세요.

예시

동전에 은박지를 입혀 은화처럼 만들었다.

탐구력
꽉 잡아

1. 단어에 '은'이 들어간 경우를 책 혹은 주변에서 찾아 빈칸에 써 보세요.
2. 은 은(銀)이 사용된 단어에는 ○, 아니면 X를 표시해 보세요.

순은
(불순물이 섞이지
않은 순수한 은)

은인
(은혜를 베풀어 준 사람)

은사
(은혜로운 스승)

은색
(은과 같은 빛)

'은혜'와 관련된 단어를 골라내 보세요.

5주 차 복습

1. 다음 어휘를 보고 그 뜻으로 알맞은 것을 골라 선으로 연결하세요.

현실 •　　　• 지금 실제로 존재하는 사실이나 상태

미음 •　　　• 은으로 만든 돈

침엽수 •　　　• 바늘 모양으로 가늘고 끝이 뾰족한 잎

화룡점정 •　　　• 일에 있어 가장 중요한 부분을 완성함

은화 •　　　• 쌀을 푹 끓여 낸 걸쭉한 음식

2. 다음 뜻을 가진 어휘를 쓰세요.

| 은을 종이처럼 얇게 만든 물건 | 실제로 가진 힘과 능력 | 군대에서 양식으로 쓰는 쌀 | 조그만 일로 앞으로의 일을 짐작함 | 그림 그리는 일을 직업으로 하는 사람 |

3. 다음의 뜻이 되도록 보기에서 알맞은 한자어를 골라 쓰세요.

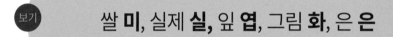

보기   쌀 **미**, 실제 **실,** 잎 **엽**, 그림 **화**, 은 **은**

1) 그림을 그리는 등 예술 활동을 하는 방 ➡ ⬚⬚⬚ + 방 **실**

2) 금, 은 따위의 매우 귀중한 물건 ➡ 금 **금** + ⬚⬚⬚ + 보배 **보** + 재물 **화**

3) 실제로 있는 물건이나 사람 ➡ ⬚⬚⬚ + 만물 **물**

4) 쌀 찧는 일을 전문적으로 하는 곳 ➡ 정할 **정** + ⬚⬚⬚ + 장소 **소**

5) 말라서 떨어진 나뭇잎 ➡ 떨어질 **낙** + ⬚⬚⬚

4. 다음 어휘를 이용해 한 문장 글쓰기를 해 보세요.

엽전

➡ _____

민화

➡ _____

은행

➡ _____

이실직고

➡ _____

백미

➡ _____

尾 꼬리 미

뜻 소리

 추론력 꽉 잡아

한자의 뜻과 그림을 보고 단어의 뜻을 짐작해 보세요.

꼬리 미 + 갈 행
미행

끝 말 + 꼬리 미
말미

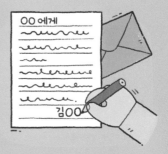

큰 대 + 꼬리 미
대미

없앨 거 + 머리 두 + 끊을 절 + 꼬리 미
거두절미

 꼬리 미(尾)가 숨어 있는 단어를 알아봅시다.

미행
꼬리 미 + 갈 행

뜻

꼬리에 붙어 따라감
남의 뒤를 몰래 따라감

표현1 형사는 범인을 몰래 미행하고 있었다.

표현2 혹시 미행하는 사람이 있는지 잘 살펴봐.

말미
끝 말 + 꼬리 미

뜻

무언가의 끝부분

표현1 이야기의 말미에 주인공이 죽고 말았다.

표현2 편지 말미에 내 이름을 적었다.

대미
큰 대 + 꼬리 미

뜻

큰 꼬리
행사 따위의 맨 마지막 부분

표현1 불꽃놀이가 축제의 대미를 장식했다.

표현2 맛있는 식사로 이번 여행의 대미를 장식했다.

거두절미
없앨 거 + 머리 두 + 끊을 절 + 꼬리 미

뜻

머리와 꼬리를 잘라 버림
어떤 일의 요점만 간단히 말함

표현1 바쁘니까 거두절미하고 이야기할게.

표현2 형사는 거두절미하고 범인을 취조하기 시작했다.

꼬리 미(尾)를 넣어 한 문장 글쓰기를 해 보세요.

미행 남의 뒤를 몰래 따라감

은행에서부터 ....

말미 무언가의 끝부분

방학 말미에 ....

대미 행사 따위의 맨 마지막 부분

.... 가 이 행사의 대미를 장식했다.

거두절미 어떤 일의 요점만 간단히 말함

거두절미하면 ....

 **창의력 꽉 잡아** 꼬리 미(尾)가 들어간 단어를 2개 이상 사용하여 문장을 써 보세요.

예시

거두절미하고 그냥 그 사람부터 미행합시다.

_____

 **탐구력 꽉 잡아**
1. 단어에 '미'가 들어간 경우를 책 혹은 주변에서 찾아 빈칸에 써 보세요.
2. 꼬리 미(尾)가 사용된 단어에는 ○, 아니면 X를 표시해 보세요.

후미
(뒤쪽의 끝)

미동
(작은 움직임)

선미
(배의 뒷부분)

미량
(아주 작은 양)

 '작음'과 관련된 단어를 골라내 보세요.

器

뜻   소리
그릇 기[★]

 **추론력 꽉 잡아** 한자의 뜻과 그림을 보고 단어의 뜻을 짐작해 보세요.

돌 석 + 그릇 기
석기

밥 식 + 그릇 기
식기

내장 장 + 그릇 기
장기

클 대 + 그릇 기 + 늦을 만 + 이룰 성
대기만성

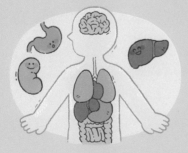

오래걸렸지만 드디어 해냈습니다!

★ 기구를 뜻할 때 많이 사용됩니다.

 **어휘력 꽉 잡아** 그릇 기(器)가 숨어 있는 단어를 알아봅시다.

석기
돌 석 + 그릇 기

 뜻

돌로 만든 기구

표현 1 석기 시대 사람들은 돌로 도구를 만들었다.

표현 2 유적지에서 다양한 석기가 발견됐다.

식기
밥 식 + 그릇 기

뜻

음식을 담는 그릇

표현 1 사용한 식기는 각자 씻으세요.

표현 2 그릇을 식기세척기에 넣었다.

장기
내장 장 + 그릇 기

 뜻

내장의 여러 기관

표현 1 뱃속에는 다양한 장기가 들어 있다.

표현 2 그는 죽은 후 장기를 기증하기로 약속했다.

대기만성
클 대 + 그릇 기 + 늦을 만 + 이룰 성

뜻

큰 그릇은 만드는 데 오래 걸림
크게 될 사람은 늦게 이루어짐

표현 1 그는 30년이 걸려 성공한 대기만성형 과학자이다.

표현 2 분명 그녀는 대기만성할 거라고 믿는다.

글쓰기 꽉 잡아 그릇 기(器)를 넣어 한 문장 글쓰기를 해 보세요.

석기 <small>돌로 만든 기구</small>

원시인들은 ....

식기 <small>음식을 담는 그릇</small>

밥을 ....

장기 <small>내장의 여러 기관</small>

각 장기마다 ....

대기만성 <small>크게 될 사람은 늦게 이루어짐</small>

대기만성한다면 ....

예시

석기 시대에는 식기도 돌로 만들었을까?

탐구력 꽉 잡아

1. 단어에 '기'가 들어간 경우를 책 혹은 주변에서 찾아 빈칸에 써 보세요.
2. 그릇 기(器)가 사용된 단어에는 ○, 아니면 X를 표시해 보세요.

토기
(흙으로 만든 기구)

생기
(생생한 기운)

철기
(철로 만든 기구)

열기
(뜨거운 기운)

 '기운'과 관련된 단어를 골라내 보세요.

肉

 추론력 꽉 잡아

뜻 소리
고기 육

한자의 뜻과 그림을 보고 단어의 뜻을 짐작해 보세요.

고기 육 + 먹을 식
육식

고기 육 + 무리 류
육류

고기최고!

고기 육 + 몸 체
육체

쓸 고 + 고기 육 + 어조사 지 + 계책 책
고육지책

건강한 육체!   건강한 정신!

집중하려면 어쩔 수 없지.

어휘력 꽉 잡아 고기 육(肉)이 숨어 있는 단어를 알아봅시다.

육식
고기 육 + 먹을 식

뜻

음식으로 고기를 먹음

표현1 나와 달리 할머니는 육식을 좋아하지 않으신다.

표현2 호랑이는 육식성 동물이다.

육류
고기 육 + 무리 류

뜻

먹을 수 있는 짐승의 고기 종류

표현1 마트의 육류 코너에서 소고기를 샀다.

표현2 육류를 먹을 때는 야채를 함께 먹어 줘야 한다.

육체
고기 육 + 몸 체

뜻

구체적인 물체로서 사람의 몸

표현1 건강한 육체에 건강한 정신이 깃든다.

표현2 인간에게는 육체와 영혼이 있다.

고육지책
쓸 고 + 고기 육 + 어조사 지 + 계책 책

뜻

자기 몸을 상해가면서 꾸며내는 계책
어쩔 수 없이 사용하는 방법

표현1 탈모가 심해져 고육지책으로 가발을 썼다.

표현2 엉덩이가 아파 고육지책으로 서서 공부했다.

여기선 고기가 아닌 몸이라는 뜻으로 사용되었어요.

 **글쓰기 꽉 잡아** 고기 육(肉)을 넣어 한 문장 글쓰기를 해 보세요.

육식 음식으로 고기를 먹음

건강을 위해

육류 먹을 수 있는 짐승의 고기 종류

나는 육류 중에서

육체 구체적인 물체로서 사람의 몸

육체가 병들면

고육지책 어쩔 수 없이 사용하는 방법

어쩔 수 없으니

고기 육(肉)이 들어간 단어를 2개 이상 사용하여 문장을 써 보세요.

예시

어쩔 수 없이 고육지책으로 육류를 끊었다.

1. 단어에 '육'이 들어간 경우를 책 혹은 주변에서 찾아 빈칸에 써 보세요.
2. 고기 육(肉)이 사용된 단어에는 ◯, 아니면 X를 표시해 보세요.

육포
(소고기를 얇게 저며서 말린 포)

육회
(소의 살코기로 만든 회)

육아
(어린아이를 기름)

사육
(짐승을 먹여 기름)

'기르다'와 관련된 단어를 골라내 보세요.

血

뜻   소리
피   혈

추론력 꽉 잡아

한자의 뜻과 그림을 보고 단어의 뜻을 짐작해 보세요.

피 혈 + 대롱 관
혈관

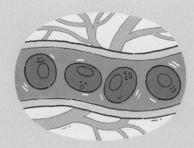

피 혈 + 진액 액
혈액

날 출 + 피 혈
출혈

더울 열 + 피 혈 + 사내 남 + 아이 아
열혈남아

 어휘력 꽉 잡아

피 혈(血)이 숨어 있는 단어를 알아봅시다.

혈관
피 혈 + 대롱 관

 뜻

피가 흐르는 관

표현 1   혈관은 우리의 온몸에 퍼져 있다.

표현 2   환자의 오른팔 혈관에 주사를 놓았다.

혈액
피 혈 + 진 액

 뜻

혈관 안에 흐르는 붉은색의 액체

표현 1   건강이 안 좋아 혈액검사를 했다.

표현 2   혈액순환이 잘되어야 건강하다.

출혈
날 출 + 피 혈

 뜻

피가 혈관 밖으로 나옴
희생이나 손실

표현 1   다량의 출혈로 정신을 잃었다.

표현 2   출혈이 심하지만 견딜 수 있다.

열혈남아
더울 열 + 피 혈 + 사내 남 + 아이 아

 뜻

뜨거운 피가 흐르는 사내
열정에 불타는 의기를 가진 사나이

표현 1   우리는 의리로 뭉친 열혈남아다.

표현 2   열혈남아는 불의를 참지 않는 법!

 **글쓰기 꽉 잡아** 피 혈(血)을 넣어 한 문장 글쓰기를 해 보세요.

혈관 _{피가 흐르는 관}

혈관이 막히면

혈액 _{혈관 안에 흐르는 붉은색의 액체}

혈액이

출혈 _{피가 혈관 밖으로 나옴}

출혈을 막으려면

열혈남아 _{열정에 불타는 의기를 가진 사나이}

열혈남아는

창의력 꽉 잡아 피 혈(血)이 들어간 단어를 2개 이상 사용하여 문장을 써 보세요.

예시

혈관을 다쳐 **출혈**이 생겼다.

탐구력 꽉 잡아 다음 '피 혈'이 들어간 어휘와 그 뜻으로 알맞은 것을 골라 선으로 연결하세요.

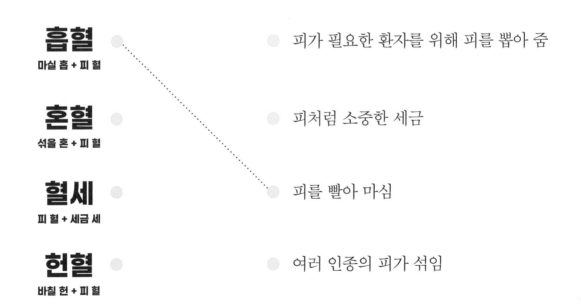

흡혈
마실 흡 + 피 혈

● 피가 필요한 환자를 위해 피를 뽑아 줌

혼혈
섞을 혼 + 피 혈

● 피처럼 소중한 세금

혈세
피 혈 + 세금 세

● 피를 빨아 마심

헌혈
바칠 헌 + 피 혈

● 여러 인종의 피가 섞임

뜻 소리
벌레 충

추론력
꽉 잡아

한자의 뜻과 그림을 보고 단어의 뜻을 짐작해 보세요.

이룰 성 + 벌레 충
성충

해할 해 + 벌레 충
해충

더할 익 + 벌레 충
익충

죽일 살 + 벌레 충 + 약제 제
살충제

 **어휘력 꽉 잡아** 벌레 충(蟲)이 숨어 있는 단어를 알아봅시다.

성충
이룰 성 + 벌레 충

뜻
다 자란 곤충

표현1 장구벌레가 성충이 되면 모기가 된다.

표현2 곤충은 성충이 되면 형태가 바뀐다.

해충
해할 해 + 벌레 충

뜻
사람이나 농작물에 해가 되는 벌레

표현1 해충 때문에 올해 농사를 망쳤다.

표현2 해충에 물려 피부가 부어 올랐다.

익충
더할 익 + 벌레 충

뜻
사람에게 이익을 주는 벌레

표현1 벌은 꽃가루를 나르는 익충이다.

표현2 쇠똥구리는 동물의 똥을 청소하는 익충이다.

살충제
죽일 살 + 벌레 충 + 약제 제

뜻
벌레를 죽이는 약

표현1 벌레가 많아 살충제를 뿌렸다.

표현2 살충제를 흡입하지 않도록 주의해야 한다.

 **글쓰기 꽉 잡아** 벌레 충(蟲)을 넣어 한 문장 글쓰기를 해 보세요.

성충 다 자란 곤충

산에 가면 다양한 ┈┈┈┈┈┈┈┈┈┈┈┈┈┈┈┈

해충 사람이나 농작물에 해가 되는 벌레

해충을 ┈┈┈┈┈┈┈┈┈┈┈┈┈┈┈┈

익충 사람에게 이익을 주는 벌레

잠자리는 ┈┈┈┈┈┈┈┈┈┈┈┈┈┈┈┈

살충제 벌레를 죽이는 약

아무리 징그러워도 ┈┈┈┈┈┈┈┈┈┈┈┈┈┈

창의력 꽉 잡아

벌레 충(蟲)이 들어간 단어를 2개 이상 사용하여 문장을 써 보세요.

예시

살충제를 뿌리면 **해충**뿐 아니라 **익충**도 죽을 수 있다.

탐구력 꽉 잡아

1. 단어에 '충'이 들어간 경우를 책 혹은 주변에서 찾아 빈칸에 써 보세요.
2. 벌레 충(蟲)이 사용된 단어에는 ○, 아니면 X를 표시해 보세요.

유충
(덜 자란 벌레)

충신
(충성스러운 신하)

충효
(충성과 효도)

독충
(독을 가진 벌레)

'충성'과 관련된 단어를 골라내 보세요.

6주 차 복습

콩나물쌤의 강의를 먼저 듣고 공부를 시작하면 이해가 쏙쏙!

QR 코드를 스캔하면 강의 영상을 볼 수 있어요.

1. 다음 어휘를 보고 그 뜻으로 알맞은 것을 골라 선으로 연결하세요.

미행   ●   ● 음식을 담는 그릇

식기   ●   ● 열정에 불타는 의기를
                                  가진 사나이

육체   ●   ● 사람에게 이익을 주는 벌레

열혈남아 ●   ● 남의 뒤를 몰래 따라감

익충   ●   ● 구체적인 물체로서 사람의 몸

2. 다음 뜻을 가진 어휘를 쓰세요.

벌레를 죽이는 약	무언가의 끝부분	내장의 여러 기관	어쩔 수 없이 사용하는 방법	피가 흐르는 관
⬇	⬇	⬇	⬇	⬇

3. 다음의 뜻이 되도록 보기에서 알맞은 한자어를 골라 쓰세요.

보기
꼬리 미, 그릇 기, 고기 육, 피 혈, 벌레 충

1) 혈관 안에 흐르는 붉은색의 액체 ➡ [＿＿＿] + 진 **액**

2) 다 자란 곤충 ➡ 이룰 **성** + [＿＿＿]

3) 행사 따위의 맨 마지막 부분 ➡ 큰 **대** + [＿＿＿]

4) 크게 될 사람은 늦게 이루어짐 ➡ 큰 **대** + [＿＿＿] + 늦을 **만** + 이룰 **성**

5) 음식으로 고기를 먹음 ➡ [＿＿＿] + 먹을 **식**

4. 다음 어휘를 이용해 한 문장 글쓰기를 해 보세요.

육류

_____

출혈

_____

해충

_____

거두절미

_____

석기

_____

정답

1. 다음 어휘를 보고 그 뜻으로 알맞은 것을 골라 선으로 연결하세요.

어선 — 고기잡이를 하는 배
주차 — 자동차를 세워 둠
탈의 — 옷을 벗음
양복 — 서양식 옷
구형 — 공같이 둥근 형태

2. 다음 뜻을 가진 어휘를 쓰세요.

1) 구장
2) 승선
3) 차선
4) 인상착의
5) 교복

3. 다음의 뜻이 되도록 보기에서 알맞은 한자어를 골라 쓰세요.

1) 옷 복
2) 공 구
3) 배 선
4) 수레 차
5) 옷 의

4. 다음 어휘를 이용해 한 문장 글쓰기를 해 보세요.

(예시)
1) 요즘에는 내의를 많이 입지 않는다.
2) 한복을 입고 부채춤을 추었다.
3) 힘들수록 전력투구해야 이길 수 있다.
4) 최근에 조선소가 문을 닫았다.
5) 차비가 많이 올랐다.

1. 다음 어휘를 보고 그 뜻으로 알맞은 것을 골라 선으로 연결하세요.

무선 — 선이 없음
약초 — 약으로 쓰는 풀
식용유 — 먹는 용도로 사용하는 기름
촌철살인 — 매우 강력한 말 한마디
석탄 — 숯처럼 불에 타는 돌

2. 다음 뜻을 가진 어휘를 쓰세요.

1) 연탄
2) 직선
3) 치약
4) 유조선
5) 강철

3. 다음의 뜻이 되도록 보기에서 알맞은 한자어를 골라 쓰세요.

1) 쇠 철
2) 숯 탄
3) 줄 선
4) 약 약
5) 기름 유

4. 다음 어휘를 이용해 한 문장 글쓰기를 해 보세요.

(예시)
1) 그림을 그리려 유성 물감을 샀다.
2) 고장으로 전철이 멈췄다.
3) 도탄지고에 빠졌지만 결국 이겨냈다.
4) 탈선행위를 하지 않아야 훌륭한 사람이 될 수 있다.
5) 밤이 늦어 문을 연 약국이 없다.

3주 차 복습

1. 다음 어휘를 보고 그 뜻으로 알맞은 것을 골라 선으로 연결하세요.

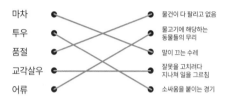

마차
투우
품절
교각살우
어류

물건이 다 팔리고 없음
물고기에 해당하는 동물들의 무리
말이 끄는 수레
잘못을 고치려다 지나쳐 일을 그르침
소싸움을 붙이는 경기

2. 다음 뜻을 가진 어휘를 쓰세요.

1) 어항
2) 승마
3) 견우
4) 천하일품
5) 두각

3. 다음의 뜻이 되도록 보기에서 알맞은 한자어를 골라 쓰세요.

1) 뿔 각
2) 물고기 어
3) 말 마
4) 소 우
5) 물건 품

4. 다음 어휘를 이용해 한 문장 글쓰기를 해 보세요.

(예시)
1) 반품 비용은 4천 원입니다.
2) 직각으로 깎아 만든 조각이 멋있었다.
3) 외국에서 김치찌개를 찾는 건 연목구어다.
4) 함께 놀던 죽마고우가 보고 싶다.
5) 차가운 우유를 마시고 배탈이 났다.

4주 차 복습

1. 다음 어휘를 보고 그 뜻으로 알맞은 것을 골라 선으로 연결하세요.

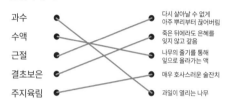

과수
수액
근절
결초보은
주지육림

다시 살아날 수 없게 아주 뿌리부터 끊어버림
죽은 뒤에라도 은혜를 잊지 않고 갚음
나무의 줄기를 통해 잎으로 올라가는 액
매우 호사스러운 술잔치
과일이 열리는 나무

2. 다음 뜻을 가진 어휘를 쓰세요.

1) 산림
2) 결과
3) 가로수
4) 사실무근
5) 초가

3. 다음의 뜻이 되도록 보기에서 알맞은 한자어를 골라 쓰세요.

1) 풀 초
2) 수풀 림
3) 실과 과
4) 나무 수
5) 뿌리 근

4. 다음 어휘를 이용해 한 문장 글쓰기를 해 보세요.

(예시)
1) 그의 주장에는 근거가 없었다.
2) 잡초가 많아 농사를 망쳤다.
3) 삼촌은 농업은 그만두고 임업을 시작하셨다.
4) 죄를 짓고 벌을 받았으니 인과응보다.
5) 푸르른 수목으로 마음까지 편안하다.

5주 차 복습

1. 다음 어휘를 보고 그 뜻으로 알맞은 것을 골라 선으로 연결하세요.

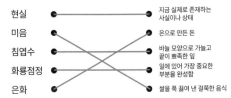

현실 ●　　　　　　　● 지금 실제로 존재하는 사실이나 상태
미음 ●　　　　　　　● 은으로 만든 돈
침엽수 ●　　　　　　　● 바늘 모양으로 가늘고 끝이 뾰족한 잎
화룡점정 ●　　　　　　　● 일에 있어 가장 중요한 부분을 완성함
은화 ●　　　　　　　● 쌀을 푹 끓여 낸 걸쭉한 음식

2. 다음 뜻을 가진 어휘를 쓰세요.

1) 은박지
2) 실력
3) 군량미
4) 일엽지추
5) 화가

3. 다음의 뜻이 되도록 보기에서 알맞은 한자어를 골라 쓰세요.

1) 그림 화
2) 은 은
3) 실제 실
4) 쌀 미
5) 잎 엽

4. 다음 어휘를 이용해 한 문장 글쓰기를 해 보세요.

(예시)
1) 박물관에는 엽전이 전시되어 있었다.
2) 민화 속 여인의 미소가 아름답다.
3) 은행에 강도가 들어 돈을 훔쳐 달아났다.
4) 있었던 일을 모두 이실직고하거라.
5) 백미에 김치만 있어도 밥 한 공기는 금방이다.

6주 차 복습

1. 다음 어휘를 보고 그 뜻으로 알맞은 것을 골라 선으로 연결하세요.

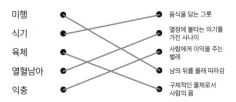

미행 ●　　　　　　　● 음식을 담는 그릇
식기 ●　　　　　　　● 열정에 불타는 의기를 가진 사나이
육체 ●　　　　　　　● 사람에게 이익을 주는 벌레
열혈남아 ●　　　　　　　● 남의 뒤를 몰래 따라감
익충 ●　　　　　　　● 구체적인 물체로서 사람의 몸

2. 다음 뜻을 가진 어휘를 쓰세요.

1) 살충제
2) 말미
3) 장기
4) 고육지책
5) 혈관

3. 다음의 뜻이 되도록 보기에서 알맞은 한자어를 골라 쓰세요.

1) 피 혈
2) 벌레 충
3) 꼬리 미
4) 그릇 기
5) 고기 육

4. 다음 어휘를 이용해 한 문장 글쓰기를 해 보세요.

(예시)
1) 소고기는 육류의 한 종류다.
2) 넘어져 무릎에 작은 출혈이 생겼다.
3) 모기와 파리는 대표적인 해충이다.
4) 그는 거두절미하고 할 말만 했다.
5) 체험장에서 실제로 석기를 만져 볼 수 있었다.